ROMA

To People who like art, and expecially to those who LIVE IN ART!

ARCO DI COSTANTINO

Arch of Constantine
Via di San Gregorio, 00186 Roma RM
41°53'23"N 12°29'27"E

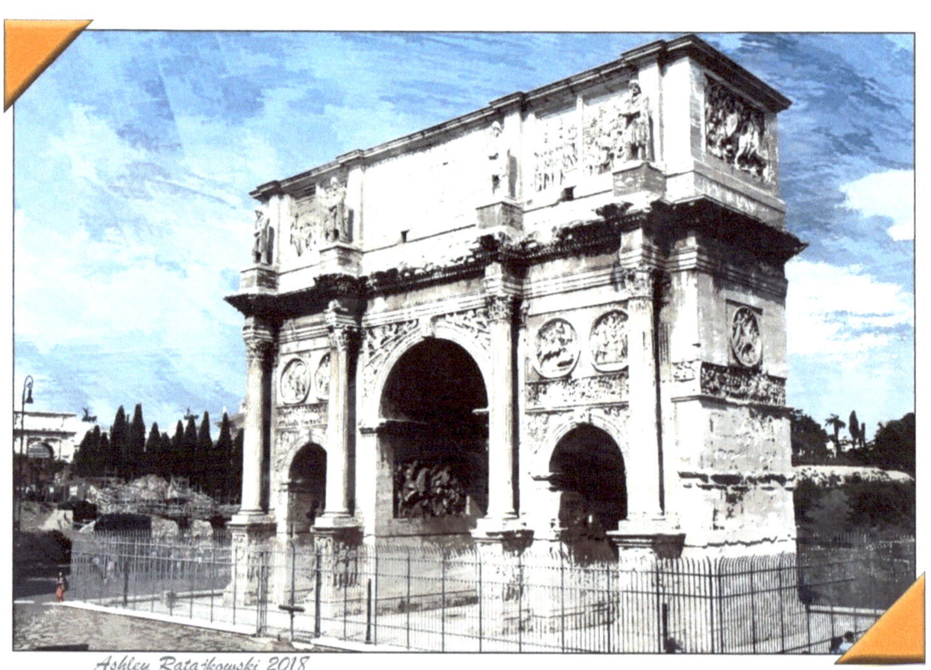

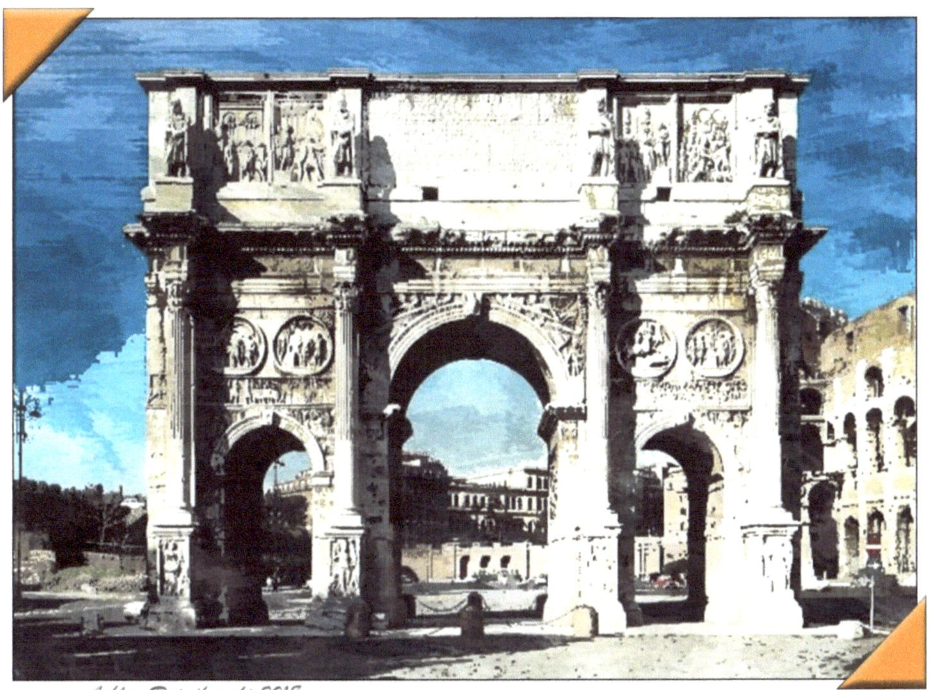

Ashley Ratajkowski 2018

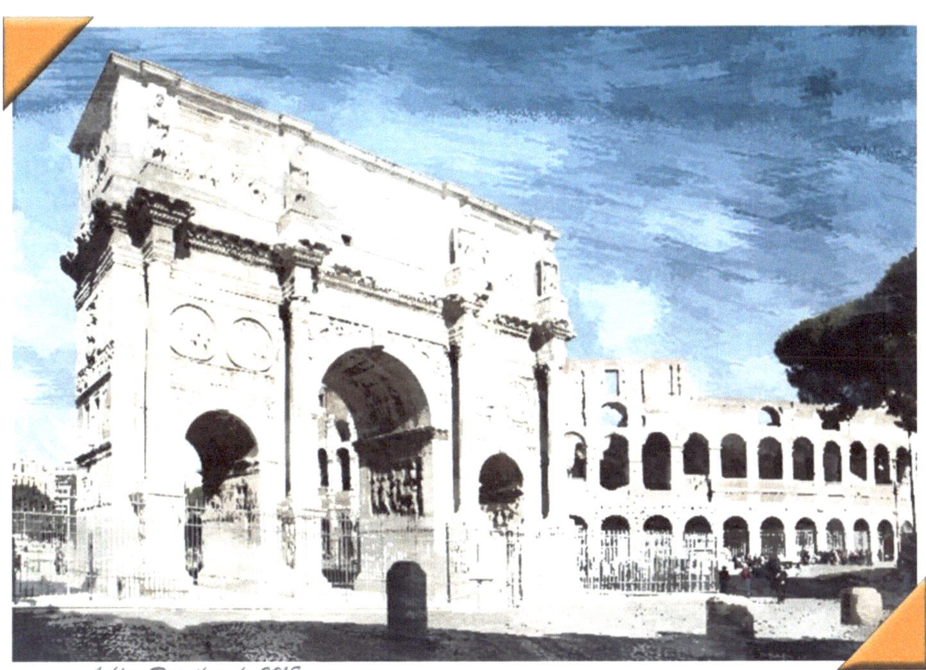

Ashley Ratajkowski 2018

ARCO DI TITO

Arch of Titus
Via Sacra, 00186 Roma RM
41°53'26.58"N 12°29'18.91"E

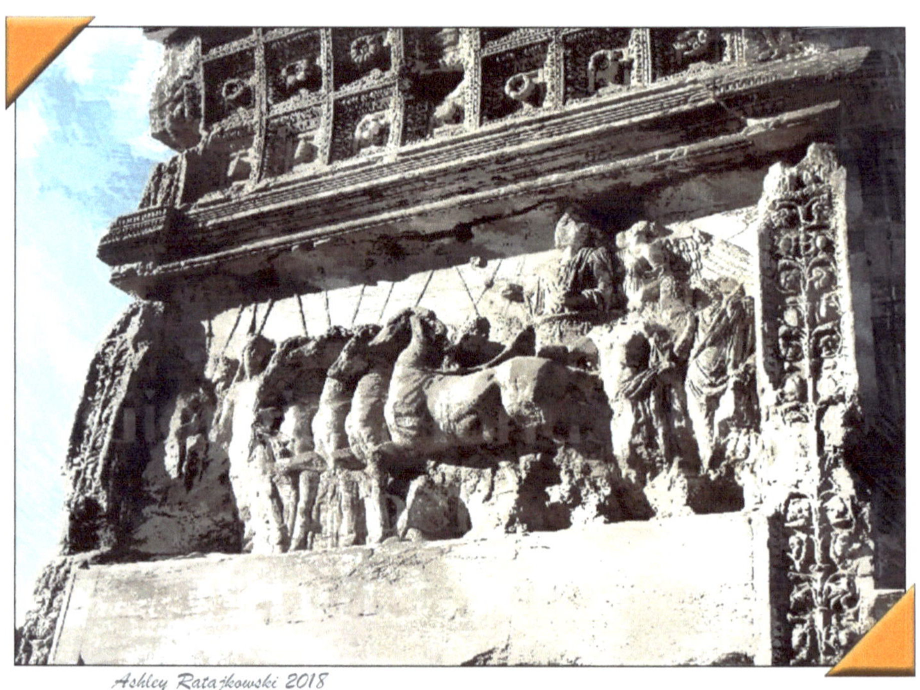

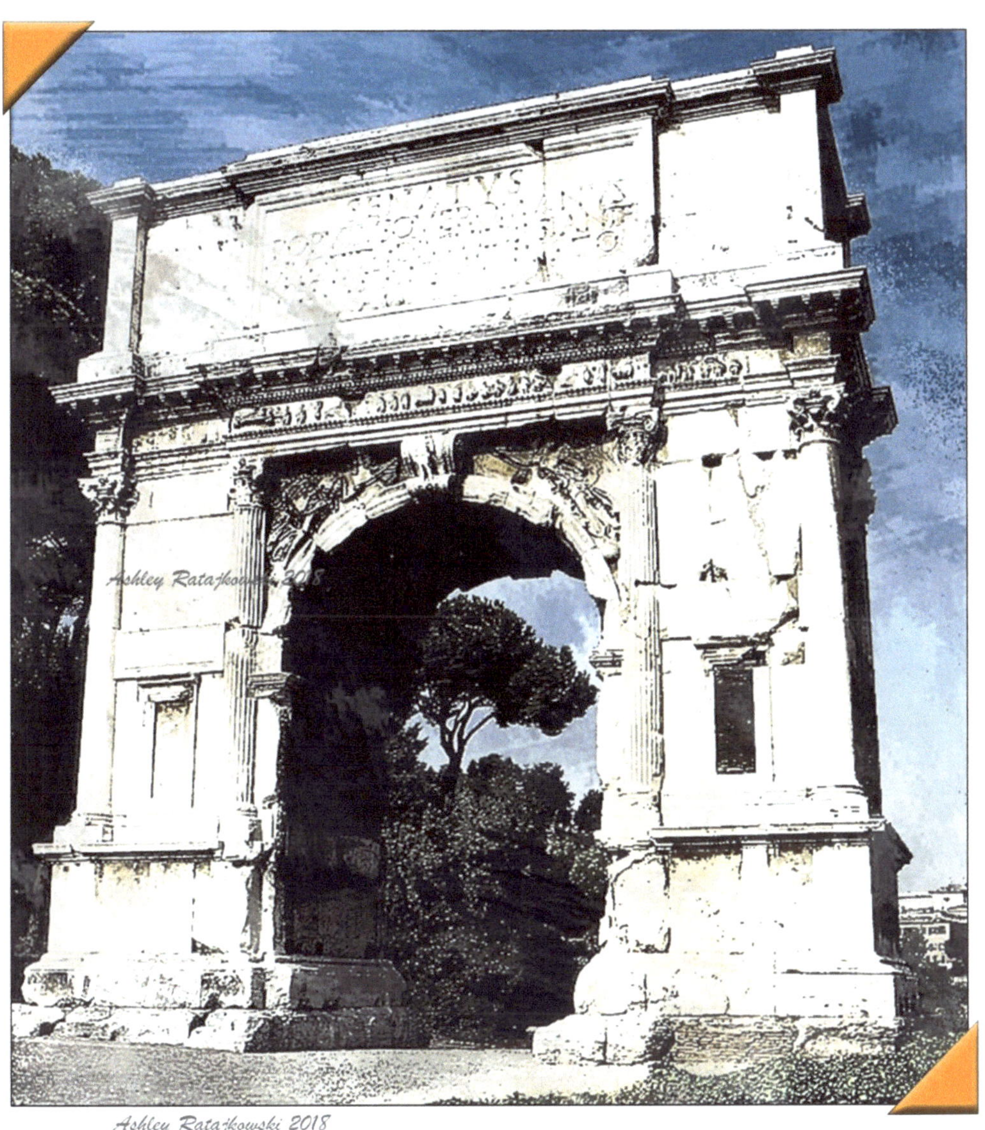

Ashley Ratajkowski 2018

BASILICA DI SAN PIETRO

St. Peter's Basilica
Piazza San Pietro, 00120 Città del Vaticano
41°54'07.9"N 12°27'11.9"E

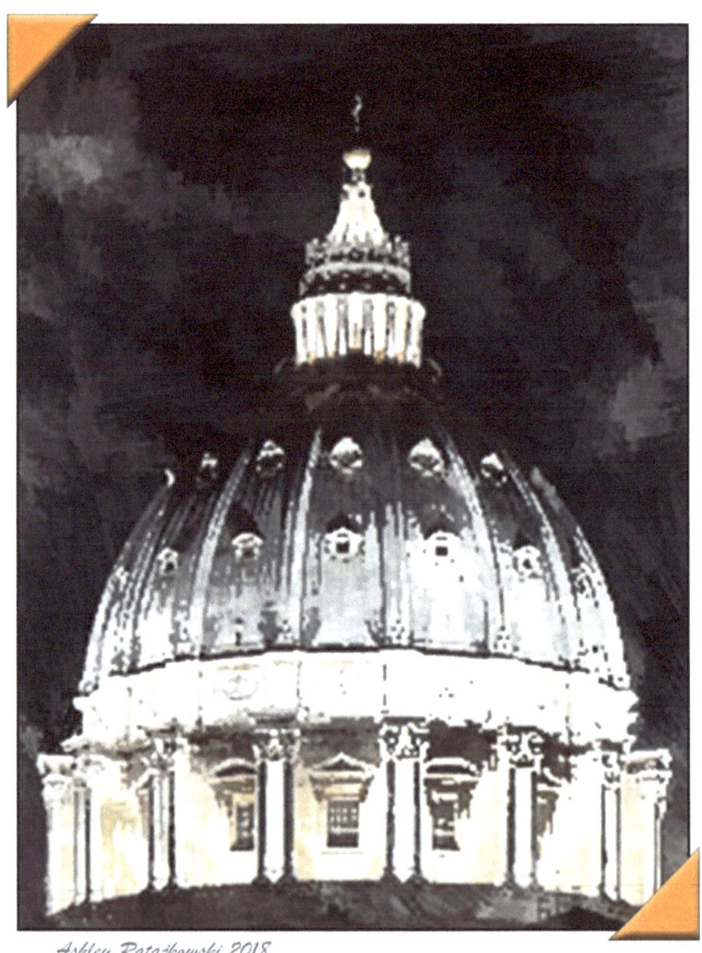

Ashley Ratajkowski 2018

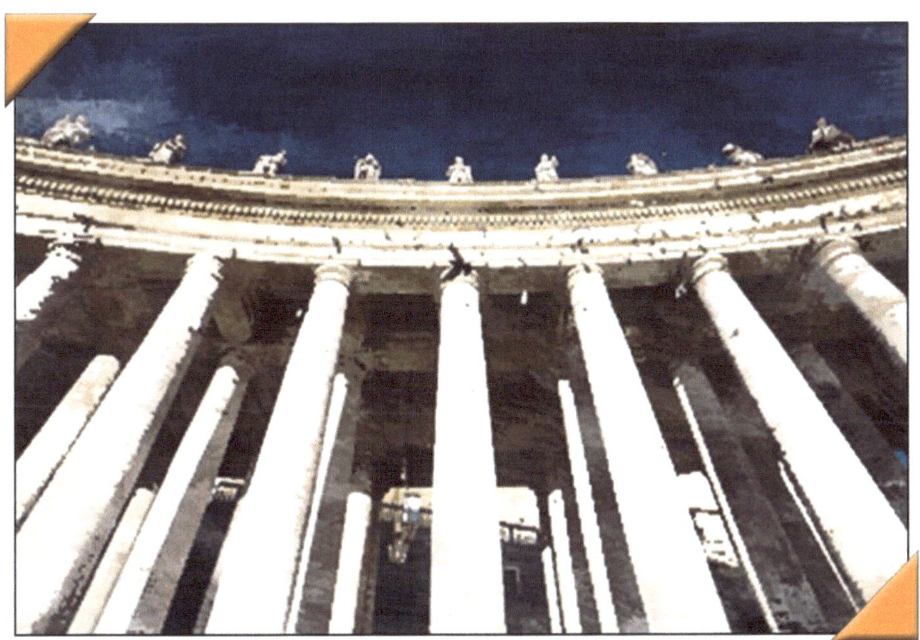

Ashley Ratajkowski 2018

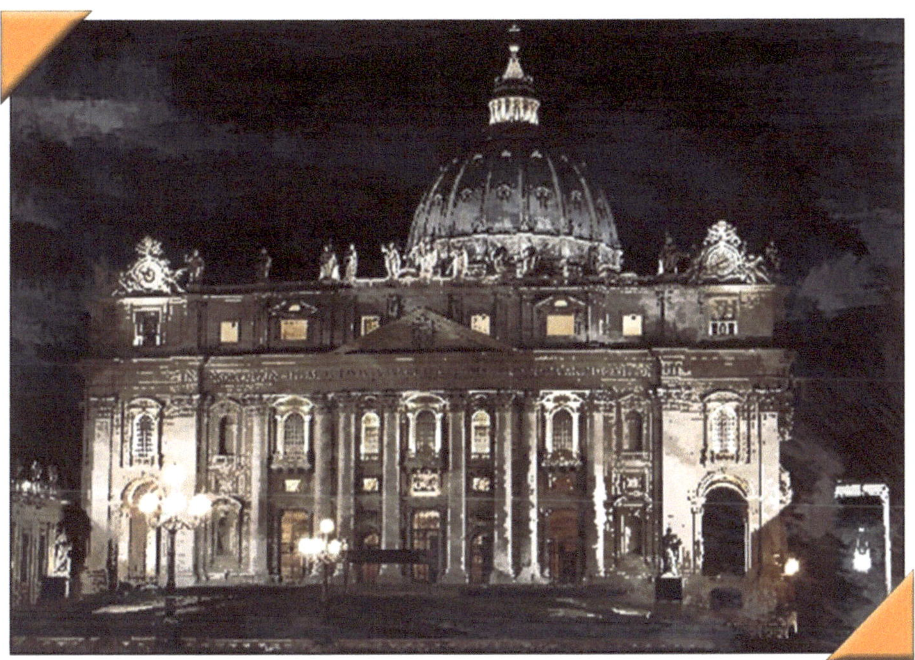

Ashley Ratajkowski 2018

BOCCA DELLA VERITÀ

Mouth of Truth
Piazza della Bocca della Verità, 18, 00186 Roma RM
41°53'17"N 12°28'54"E

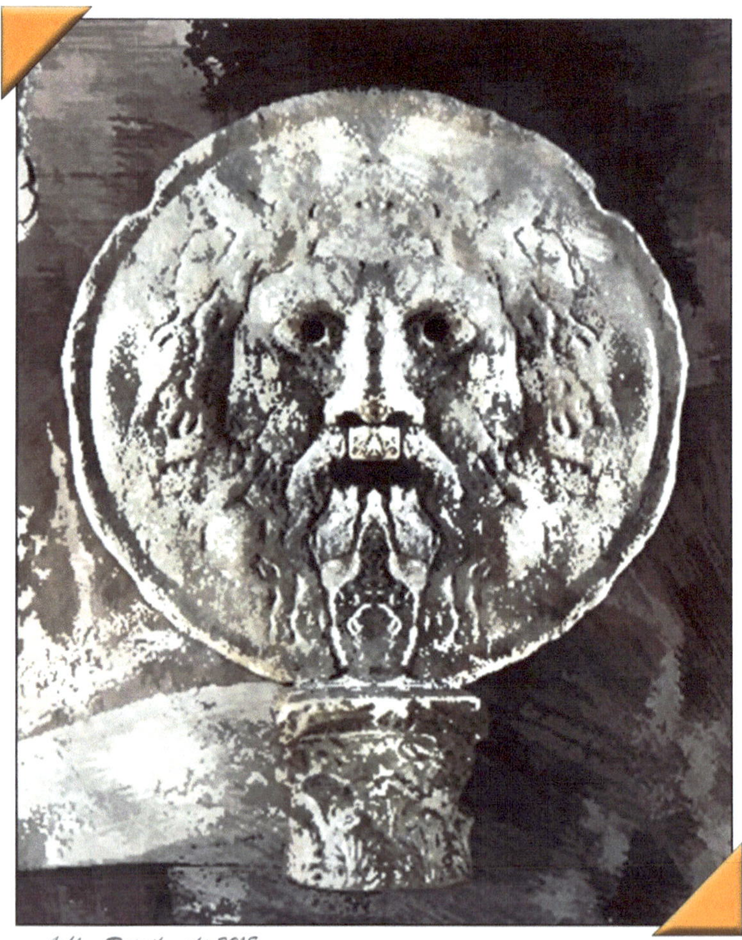

Ashley Ratajkowski 2018

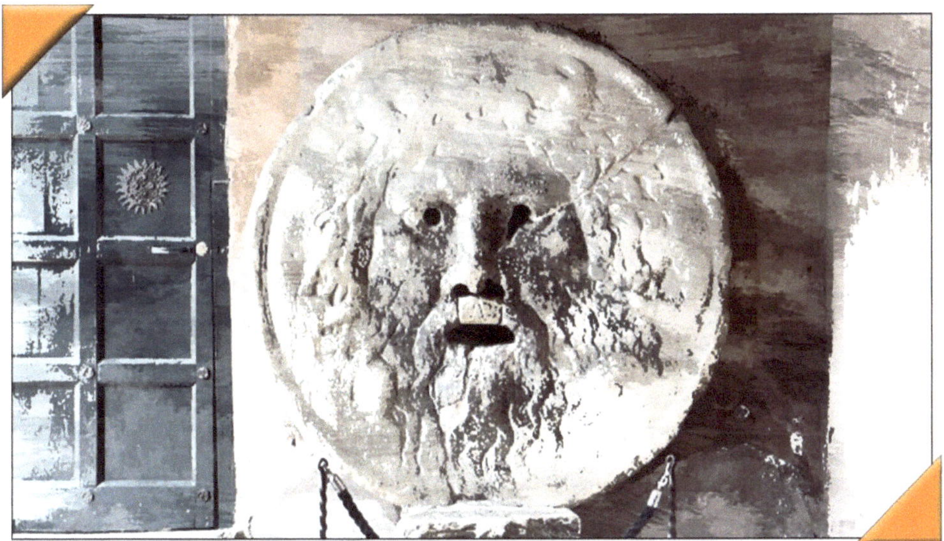

Ashley Ratajkowski 2018

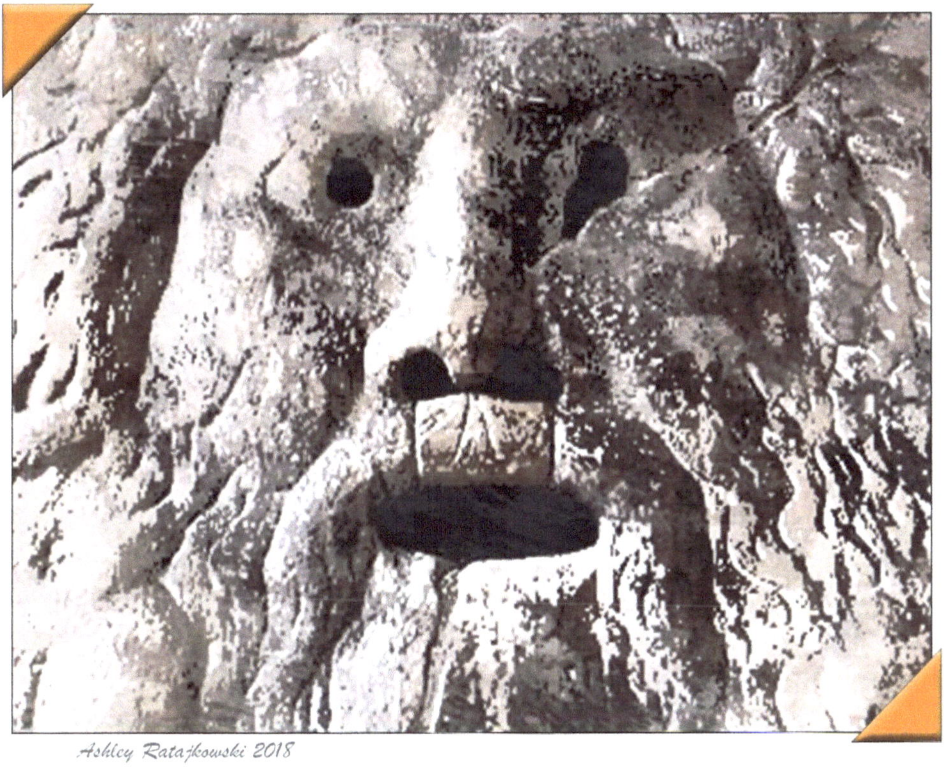

Ashley Ratajkowski 2018

CAMPIDOGLIO

Capitolium (Capitoline Hill)
Piazza del Campidoglio, 00186 Roma RM
41.893333°N 12.483056°E

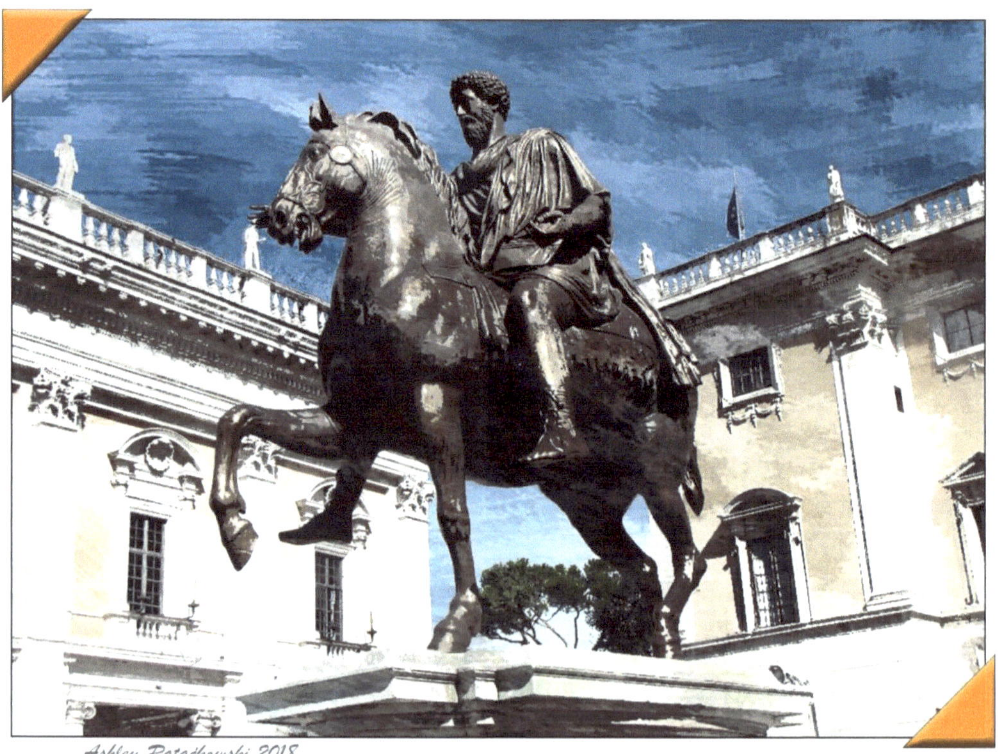

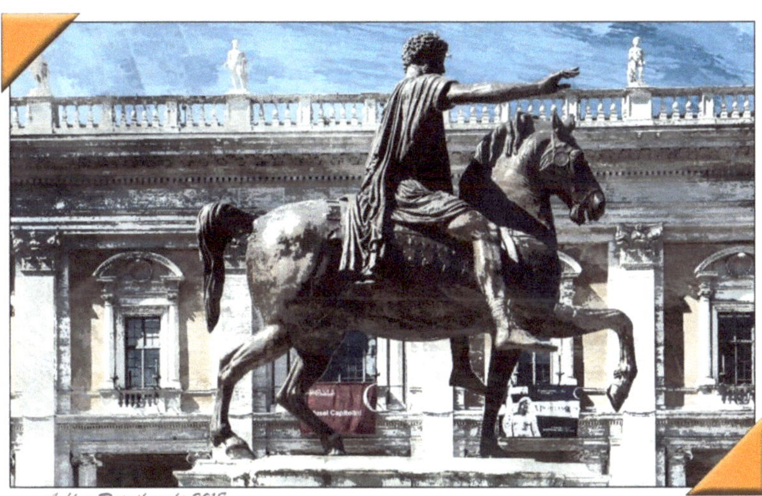

Ashley Ratajkowski 2018

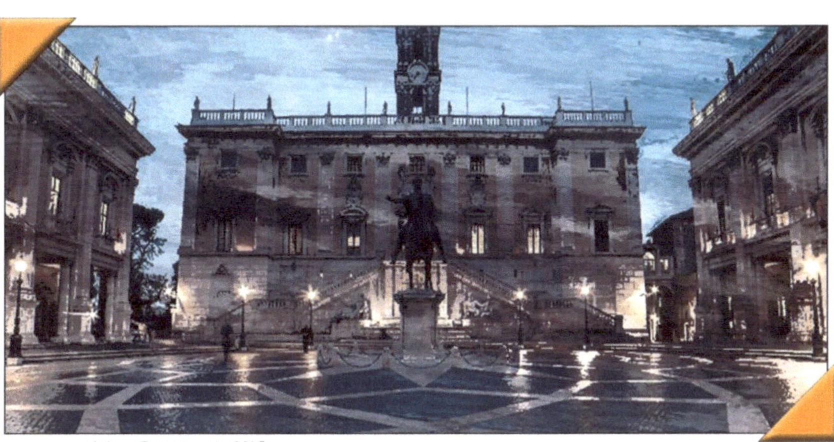

Ashley Ratajkowski 2018

CASTEL SANT'ANGELO

Mausoleum of Hadrian (Castle of the Holy Angel)
Lungotevere Castello, 50, 00193 Roma RM
41°54'11.03"N 12°27'58.88"E

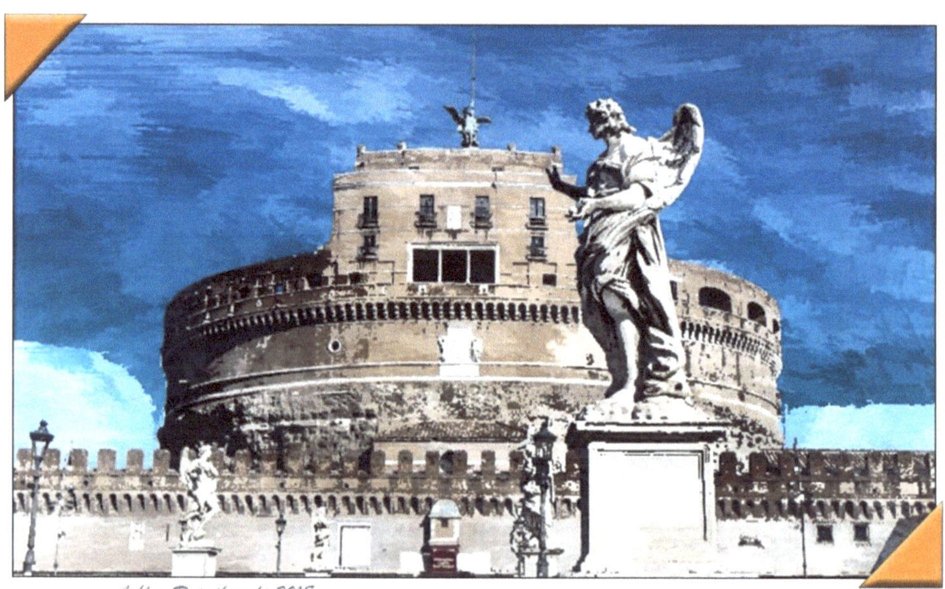

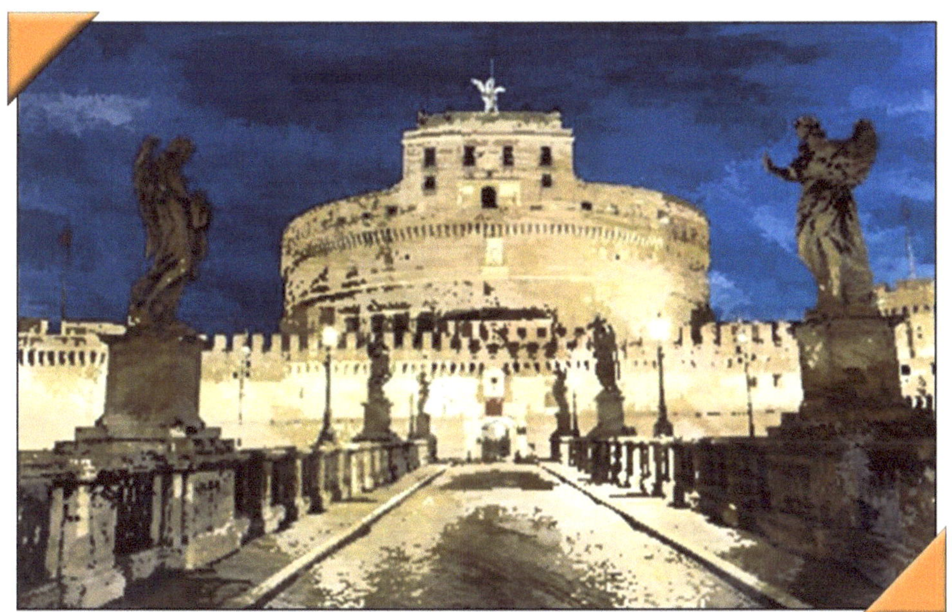

Ashley Ratajkowski 2018

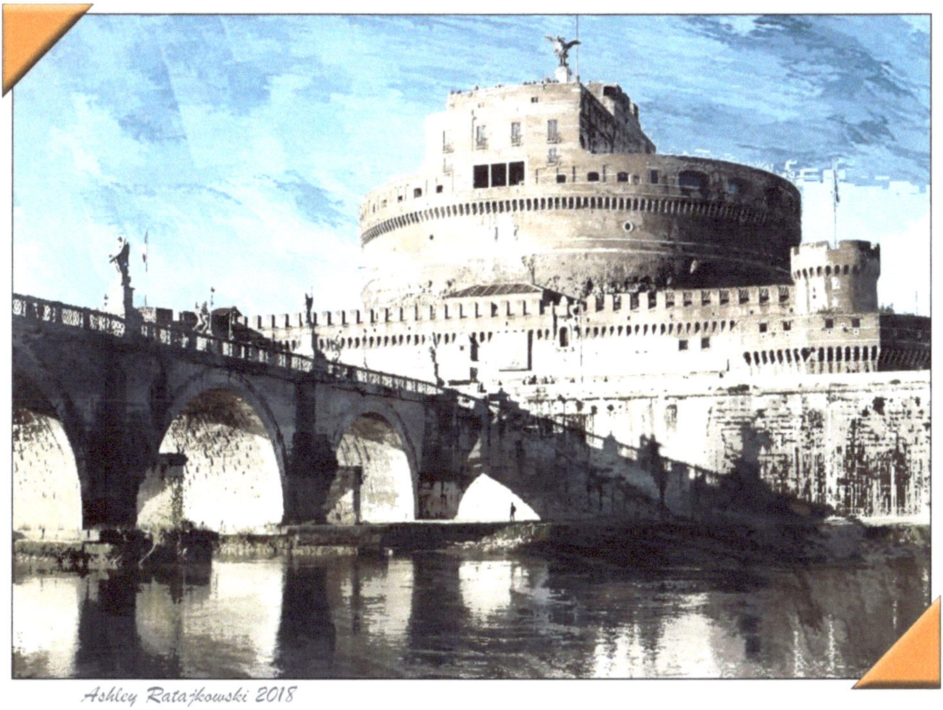

Ashley Ratajkowski 2018

CATACOMBE
DI SAN CALLISTO

Catacombs of St.Callixtus
Via Appia Antica, 110/126, 00179 Roma RM
41°51'31"N 12°30'48"E

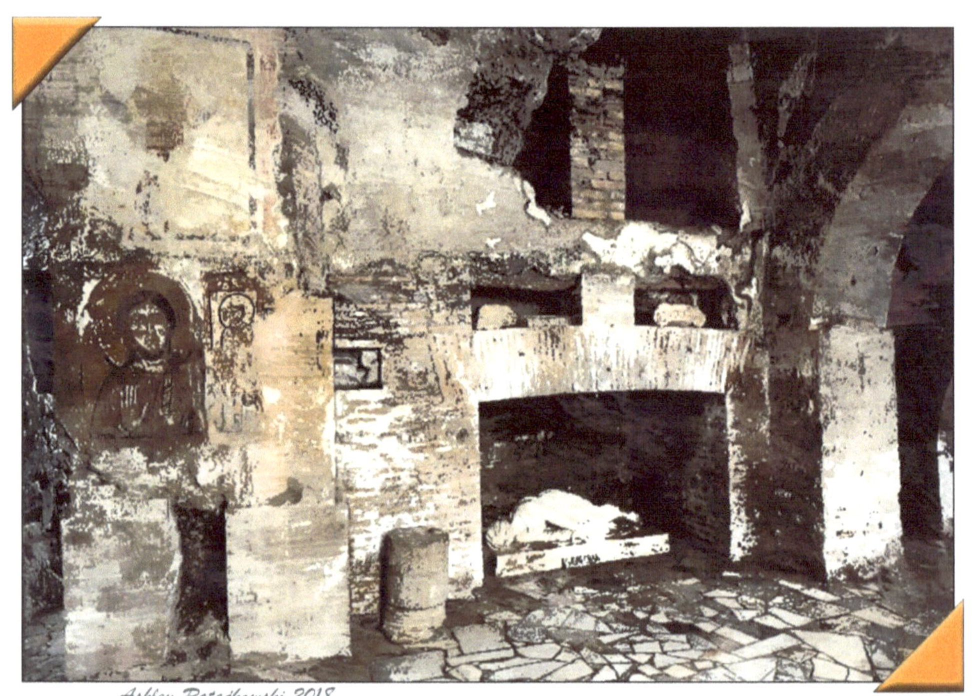

Ashley Ratajkowski 2018

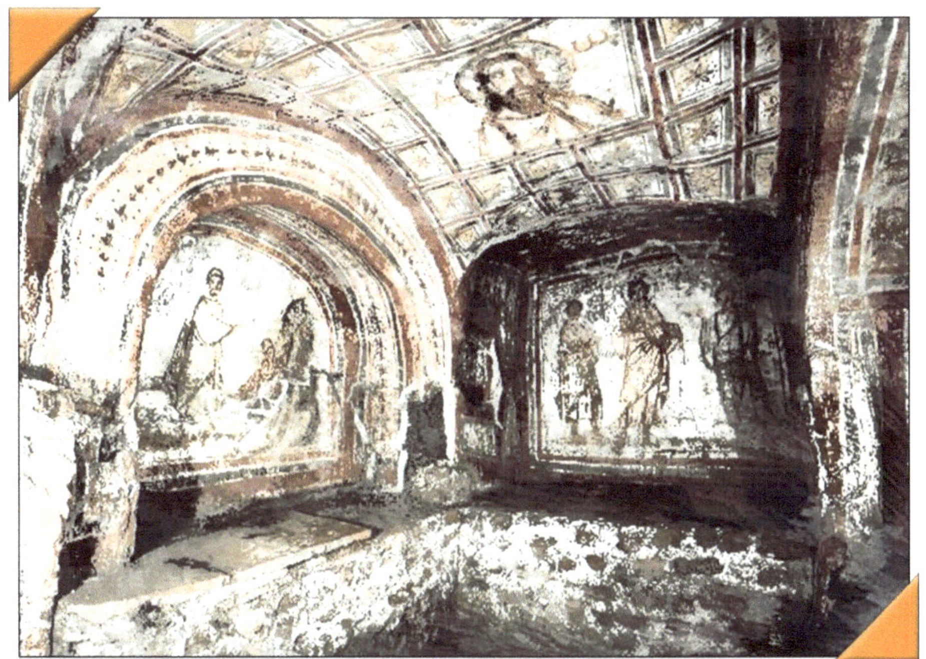

Ashley Ratajkowski 2018

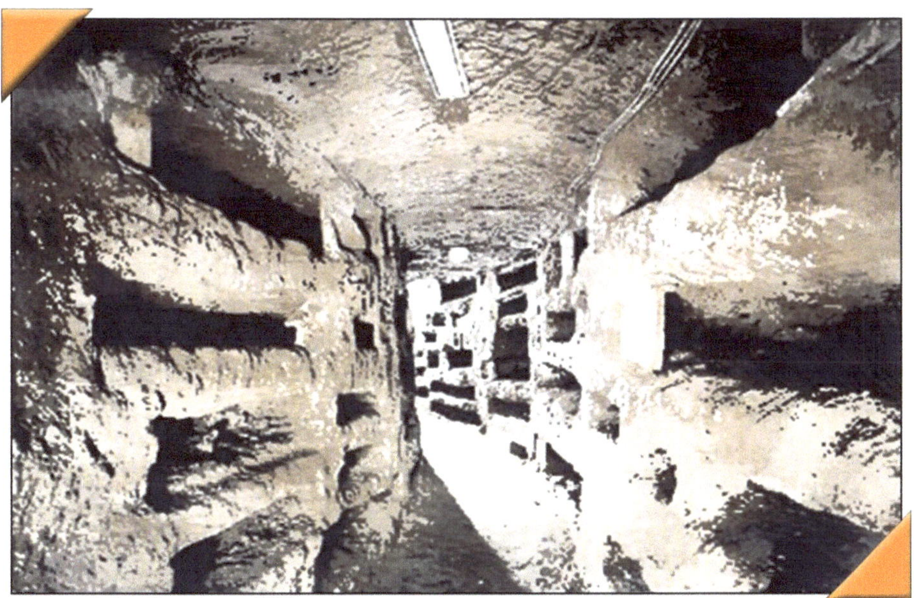

Ashley Ratajkowski 2018

CIRCO MASSIMO

Circus Maximus
Via del Circo Massimo, 00186 Roma RM
41°53'09.24"N 12°29'08.52"E

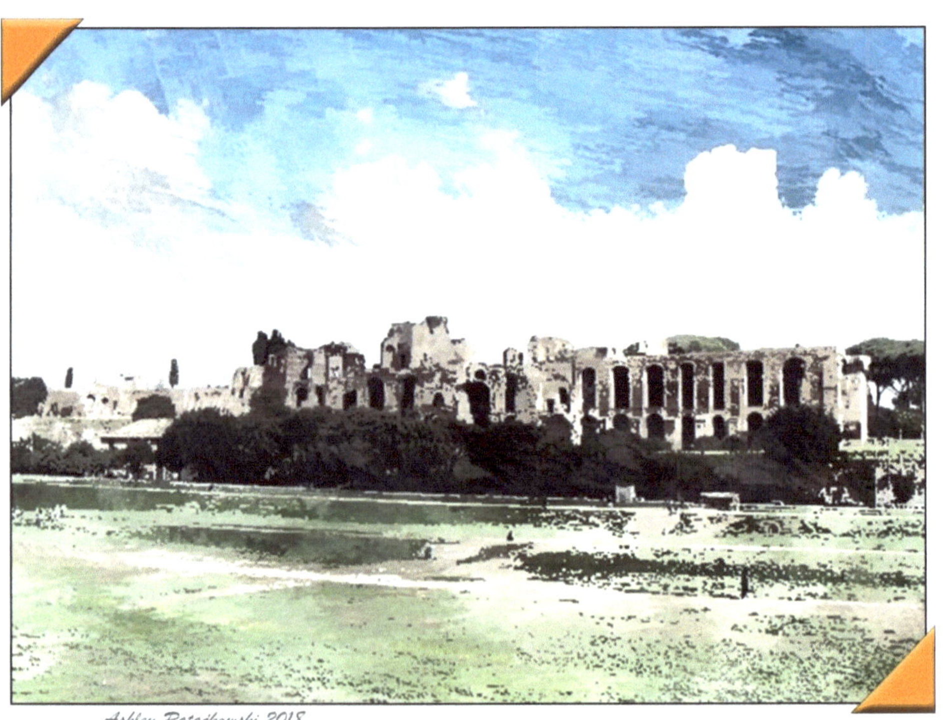

Ashley Ratajkowski 2018

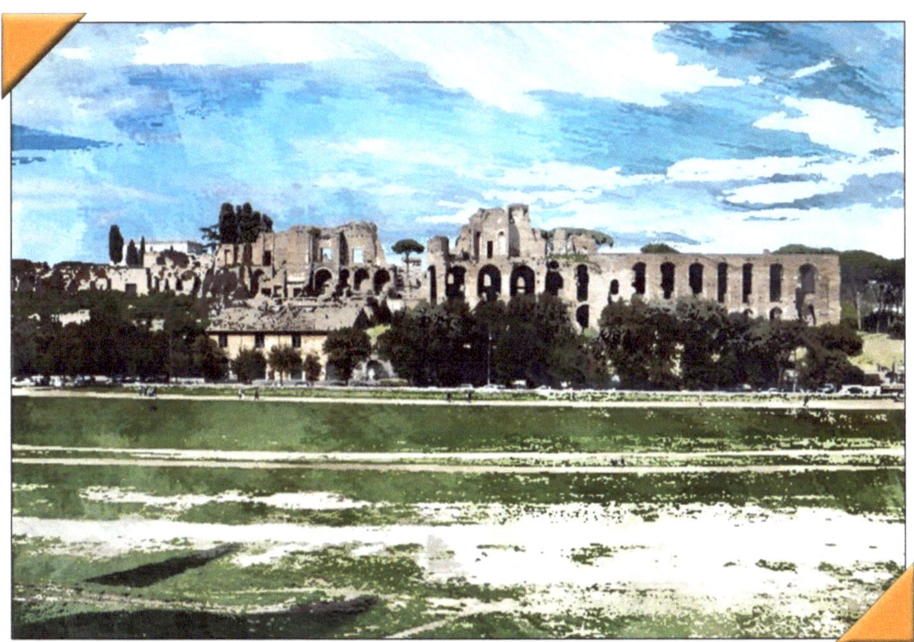

Ashley Ratajkowski 2018

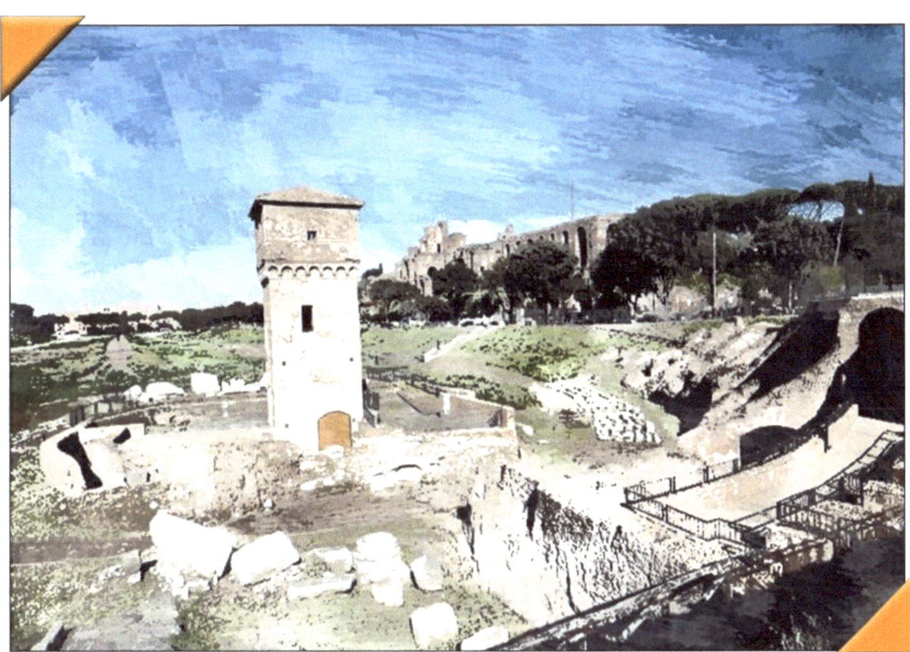

Ashley Ratajkowski 2018

COLONNA TRAIANA

Trajan's column
Via dei Fori Imperiali, 00187 Roma RM
41°53'45"N 12°29'03"E

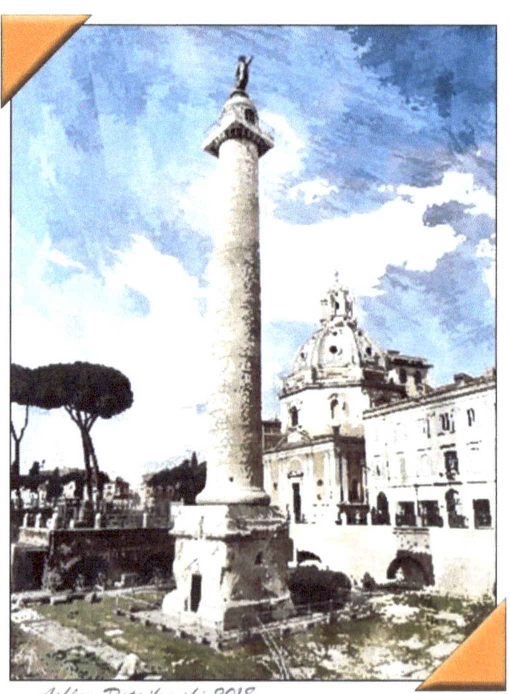

Ashley Ratajkowski 2018

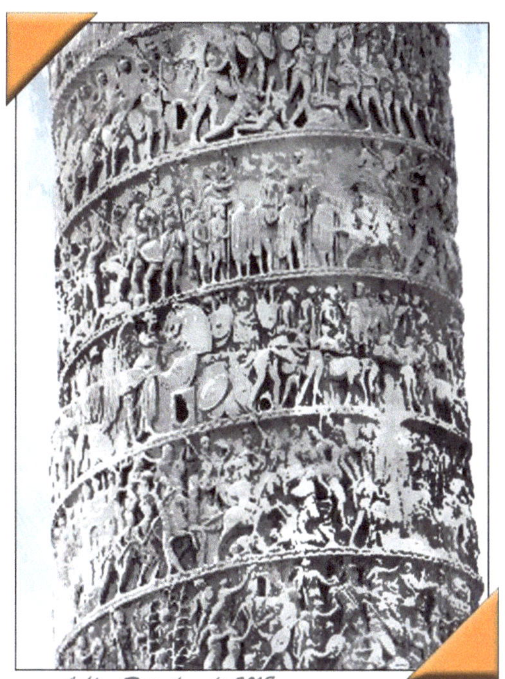

Ashley Ratajkowski 2018

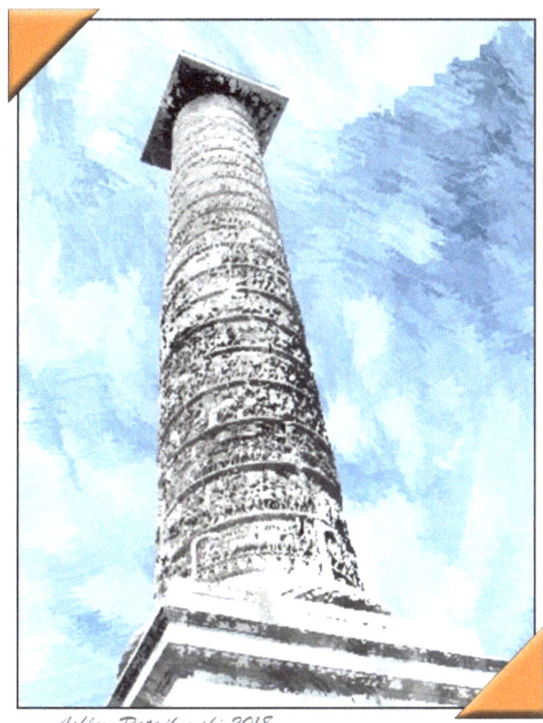

Ashley Ratajkowski 2018

COLOSSEO

Amphitheatrum Flavium
Piazza del Colosseo, 1, 00184 Roma
41°53'24.61"N 12°29'32.17"E

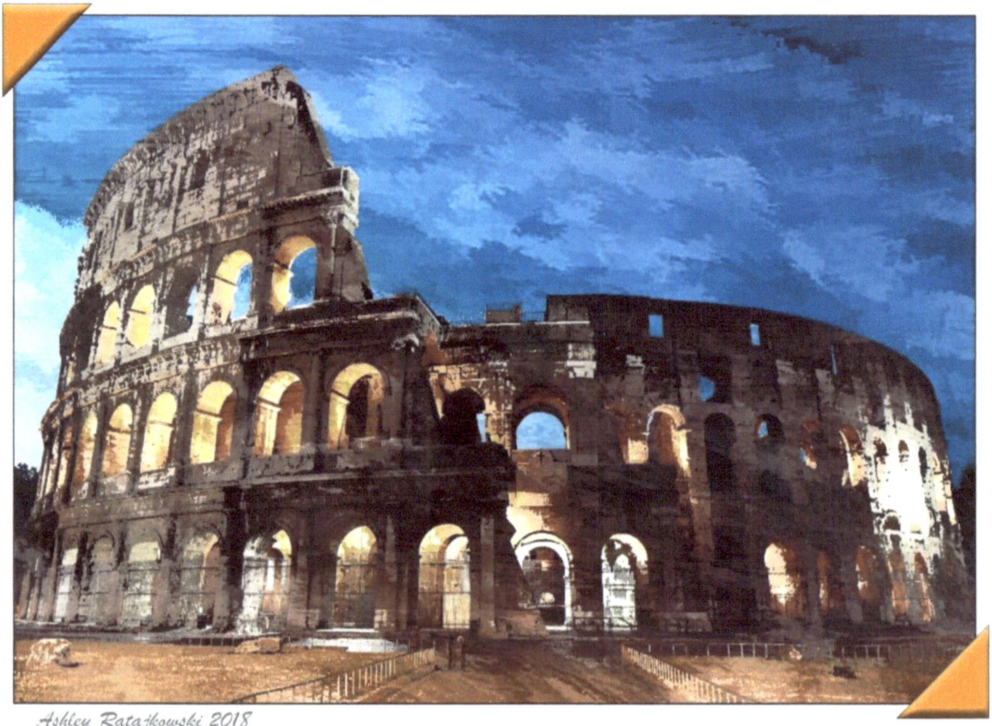

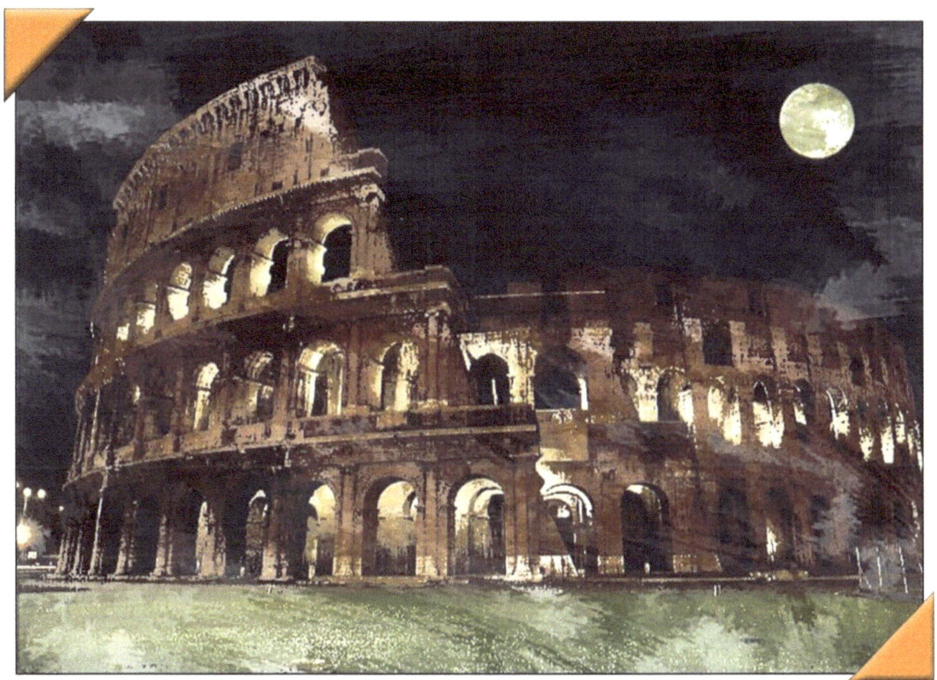

Ashley Ratajkowski 2018

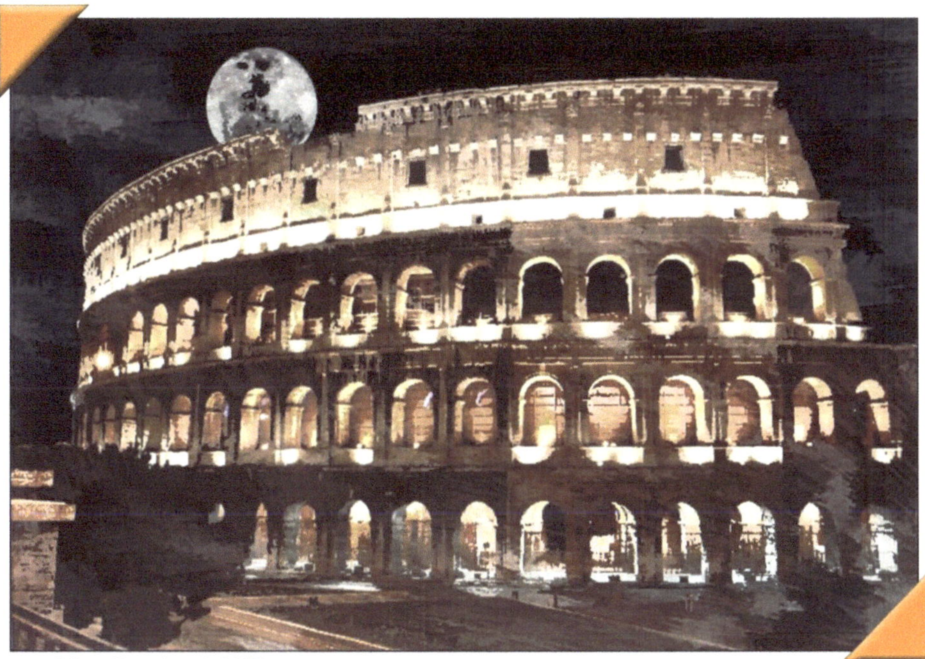

Ashley Ratajkowski 2018

DOMUS AUREA

Golden House
Via della Domus Aurea, 1, 00184 Roma RM
41°53'29"N 12°29'43"E

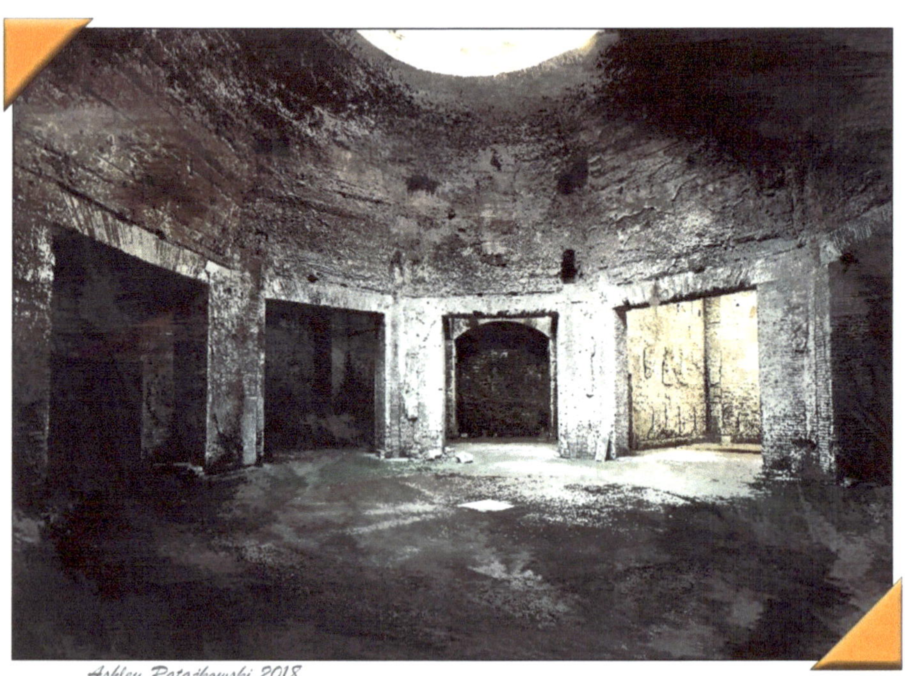

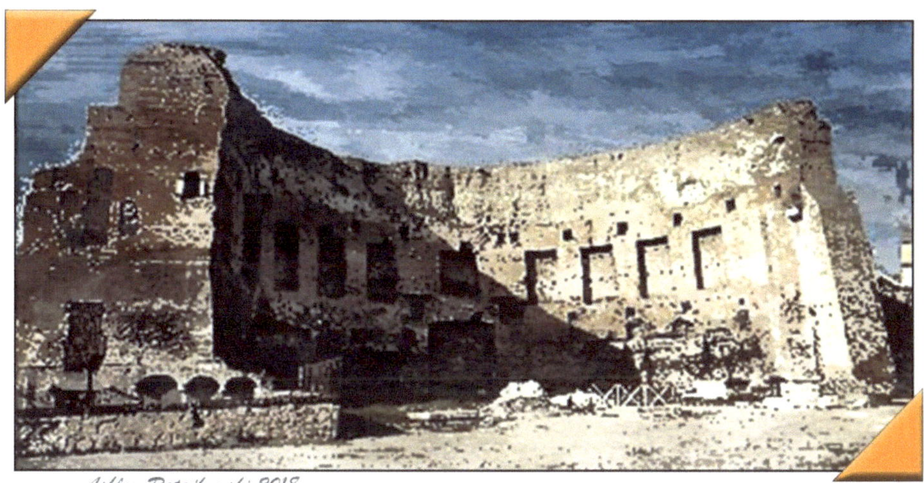

Ashley Ratajkowski 2018

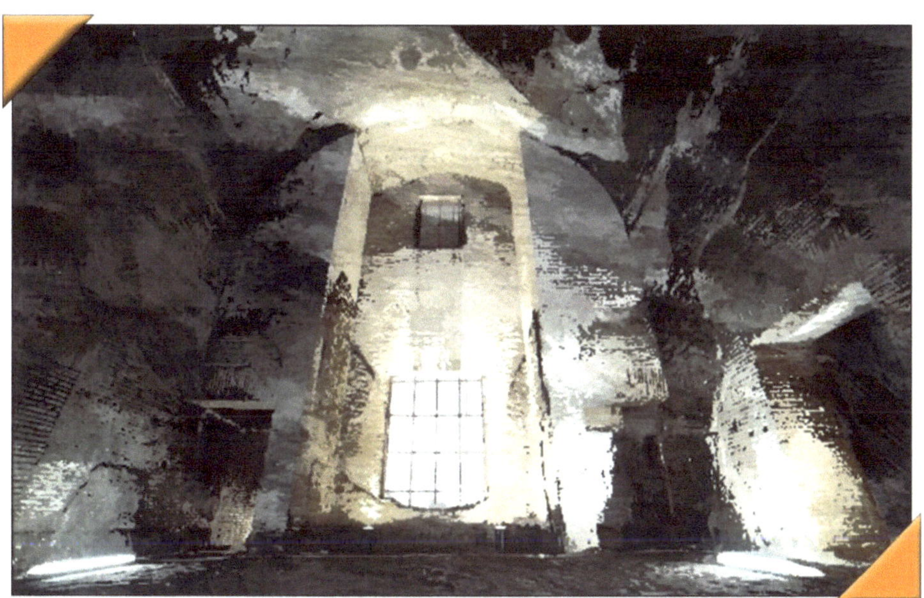

Ashley Ratajkowski 2018

FONTANA DEI QUATTRO FIUMI

Fountain of the Four Rivers
Piazza Navona, 00186 Roma RM
41°53'56"N 12°28'23"E

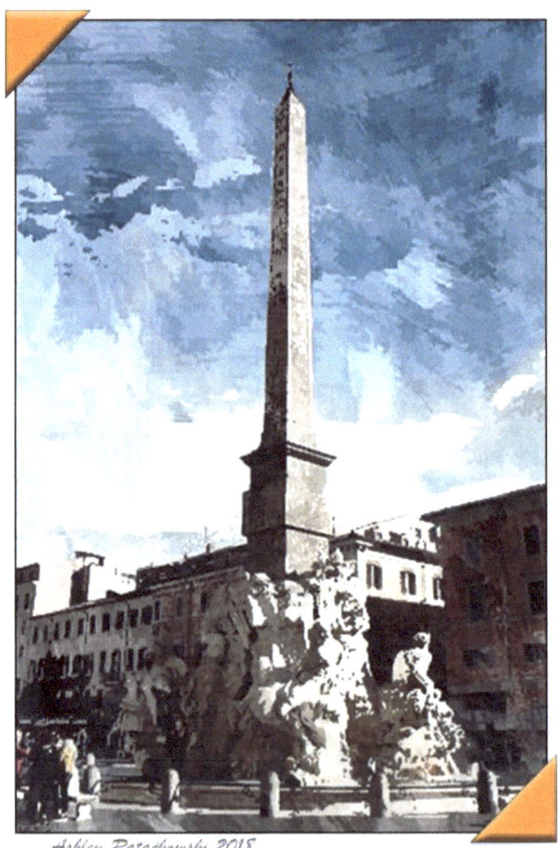

Ashley Ratajkowski 2018

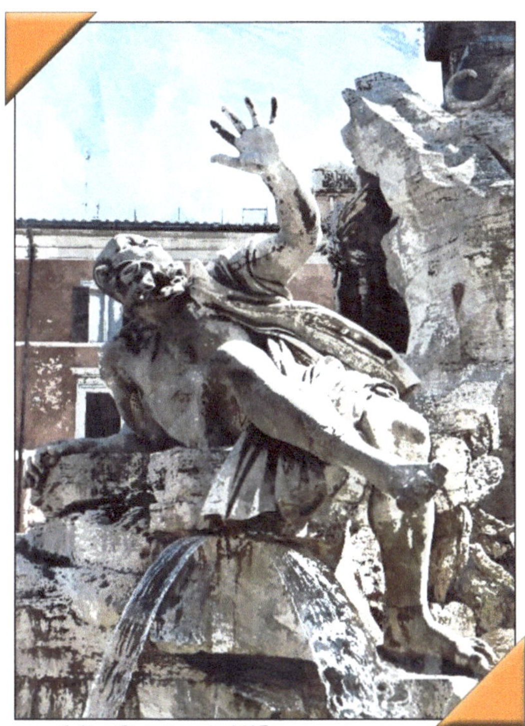

Ashley Ratajkowski 2018

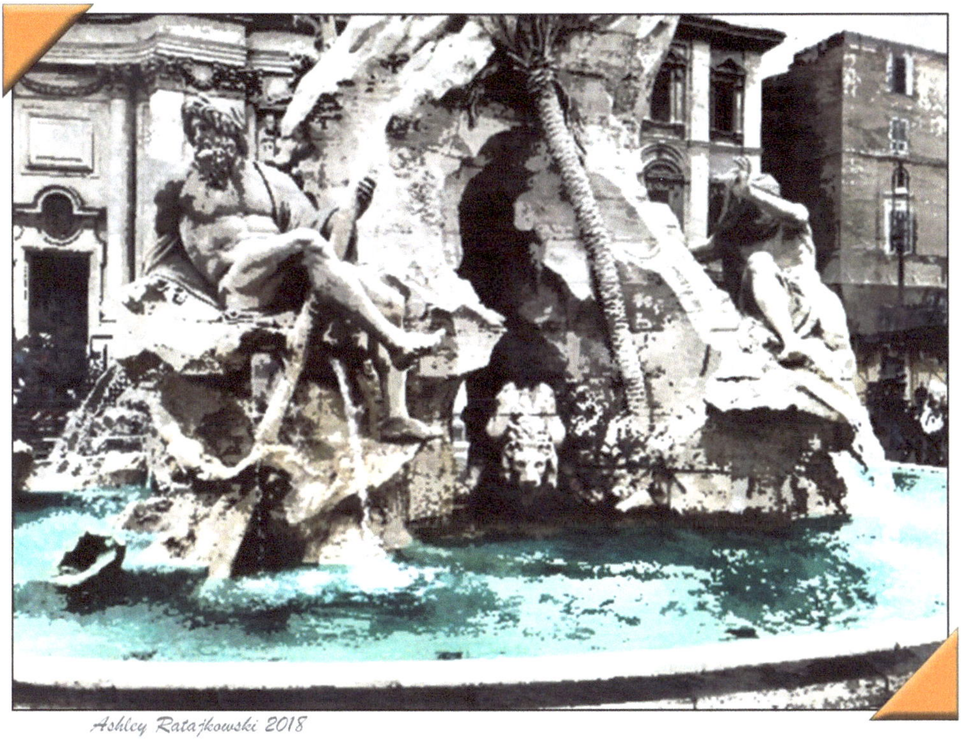

Ashley Ratajkowski 2018

FONTANA DELLA BARCACCIA

Barcaccia's Fountain
Piazza di Spagna, 00187 Roma RM
41°54'20.9"N 12°28'55.96"E

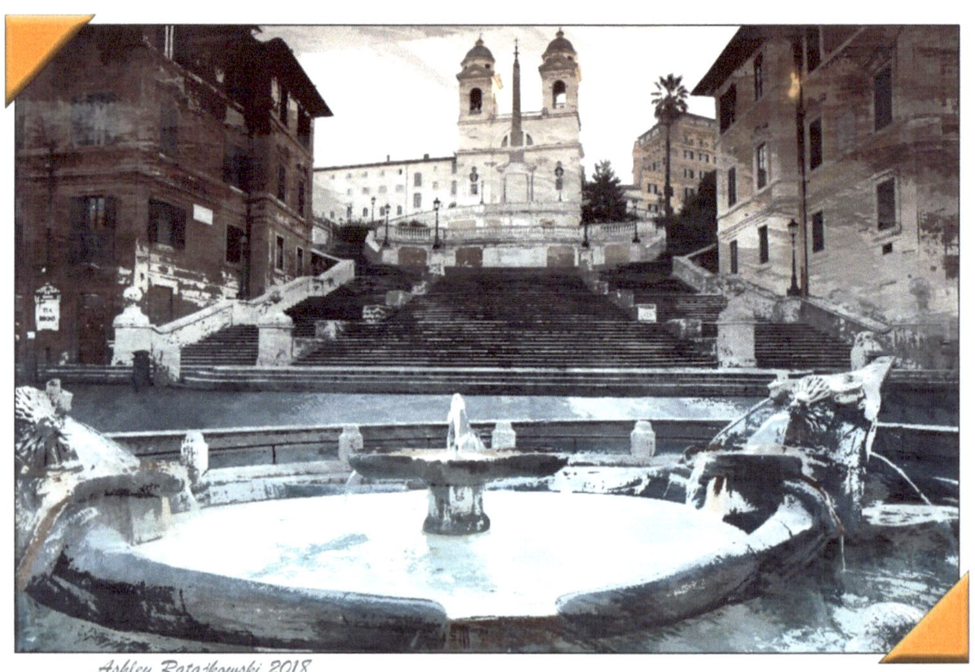

Ashley Ratajkowski 2018

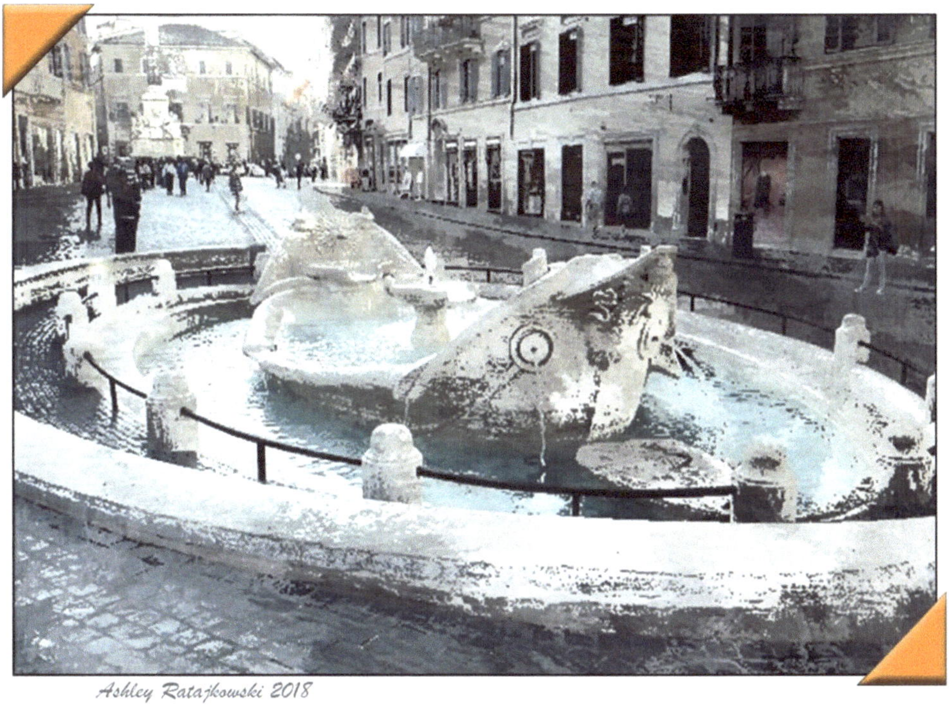

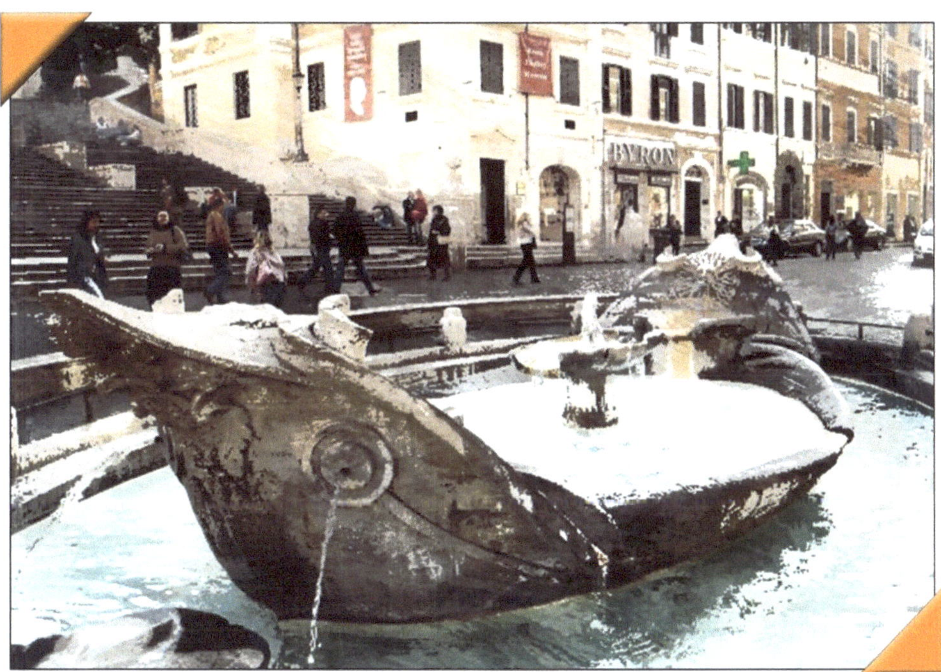

Ashley Ratajkowski 2018

Ashley Ratajkowski 2018

FONTANA DI TREVI

Trevi Fountain
Piazza di Trevi, 00187 Roma RM
41°54'03.15"N 12°28'59.4"E

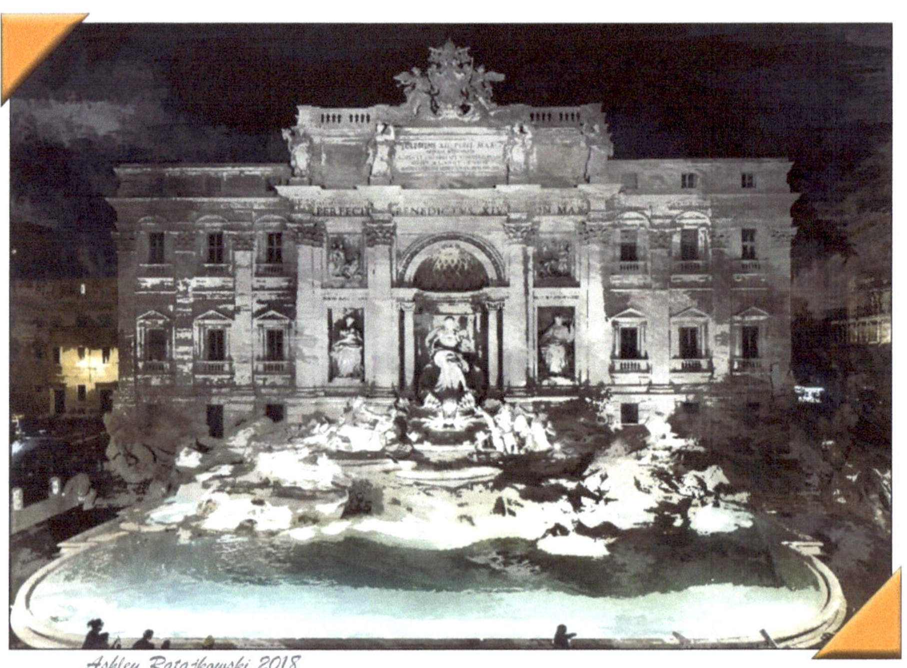

Ashley Ratajkowski 2018

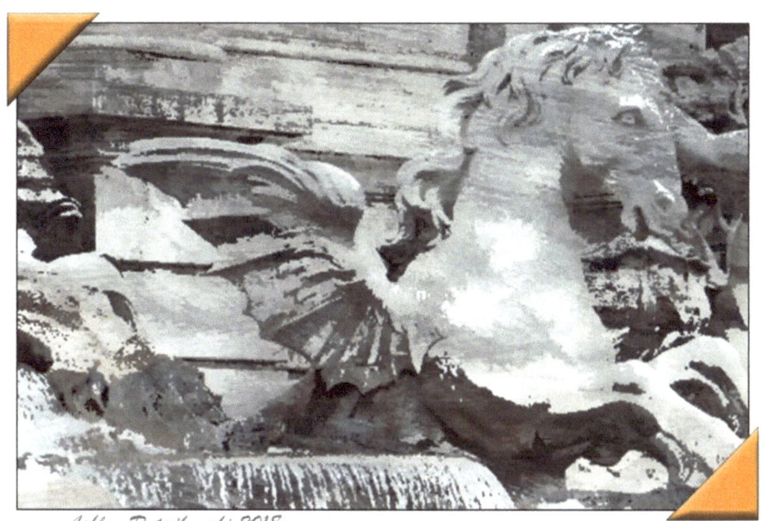

Ashley Ratajkowski 2018

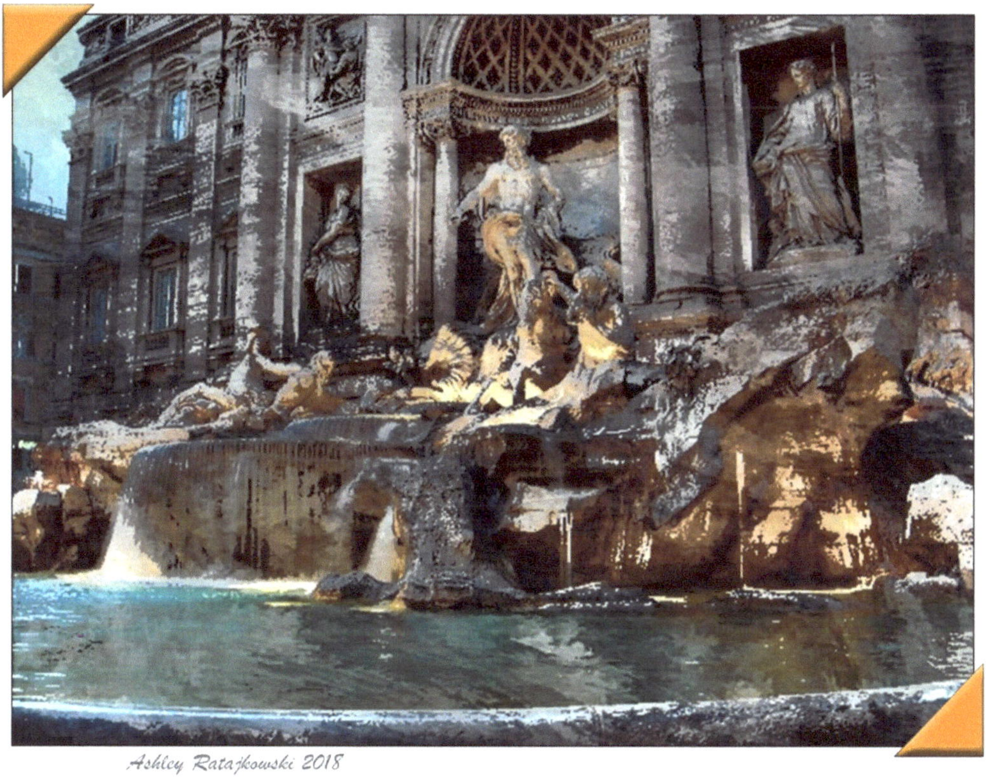

Ashley Ratajkowski 2018

FORI IMPERIALI

Imperial Forums
Vie dei Fori Imperiali, 00184 Roma
41°53'40"N 12°29'08"E

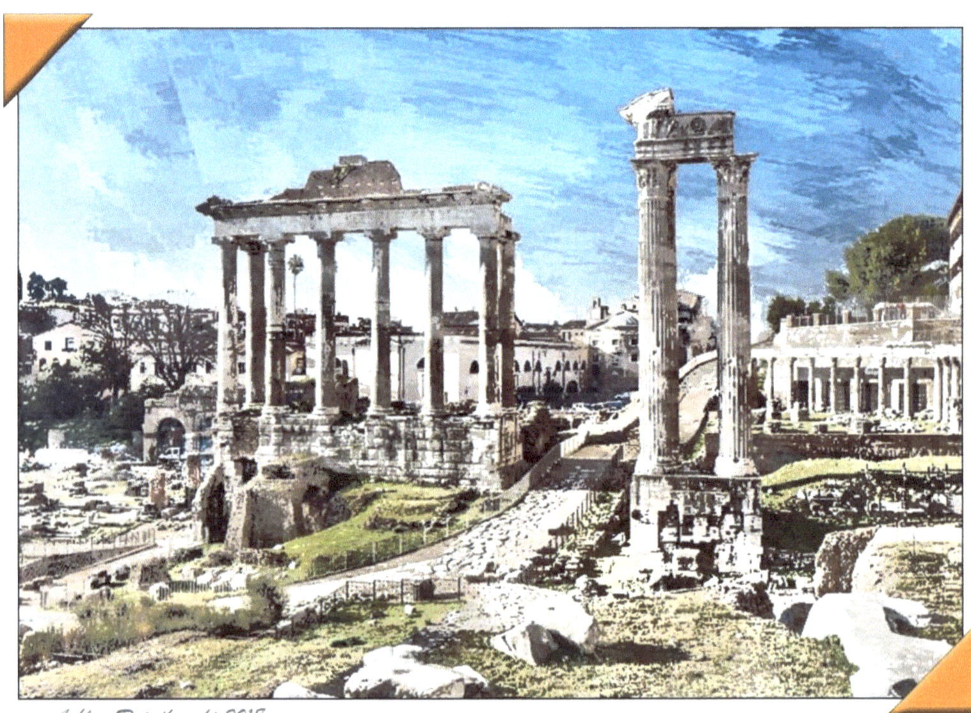

Ashley Ratajkowski 2018

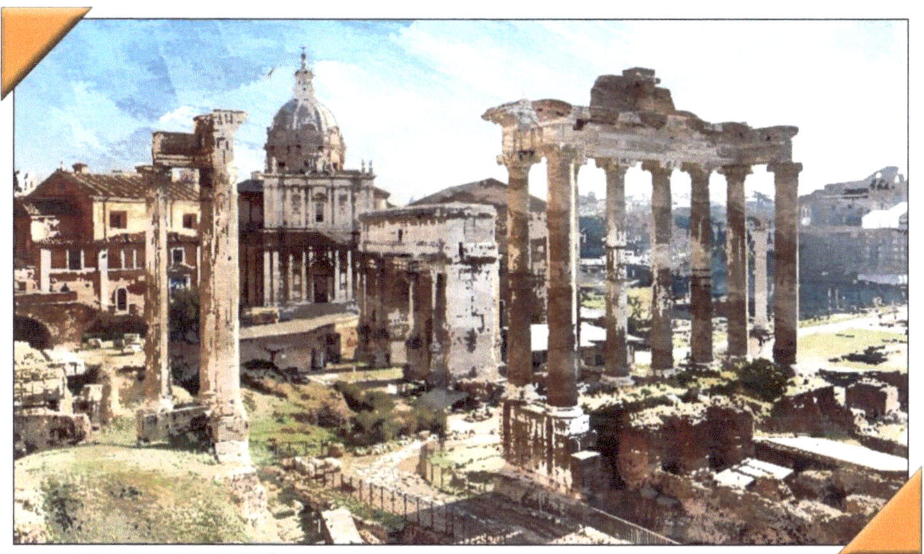

Ashley Ratajkowski 2018

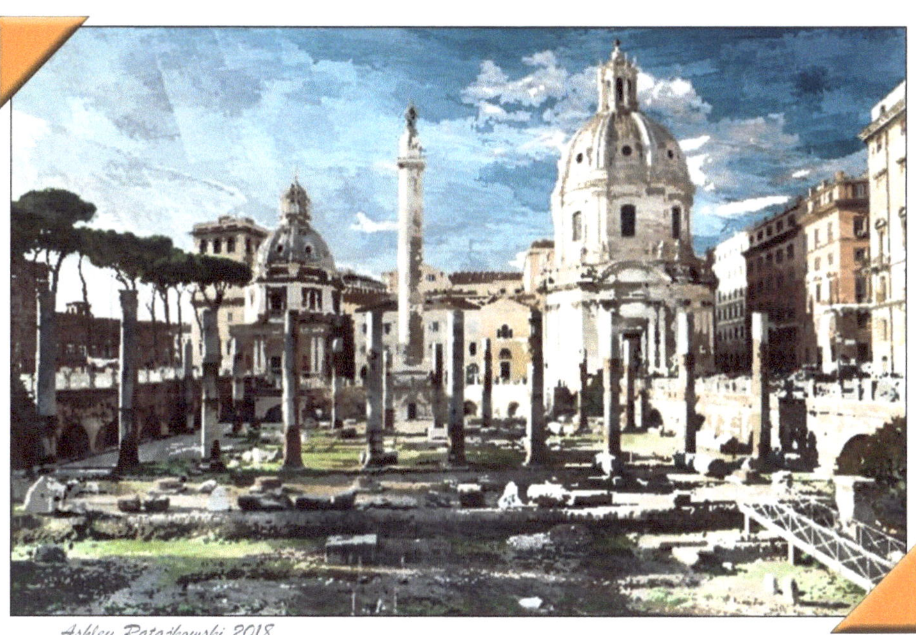

Ashley Ratajkowski 2018

LA LUPA CAPITOLINA

Capitoline Wolf
Piazza del Campidoglio, 1, 00186 Roma RM
41°53'36"N 12°29'01"E

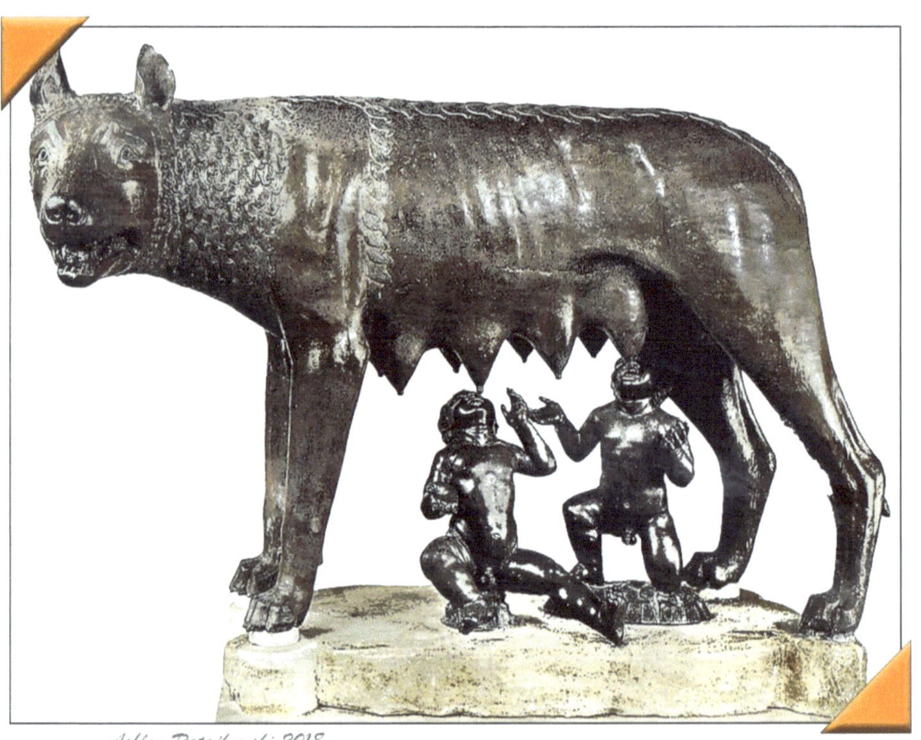

Ashley Ratajkowski 2018

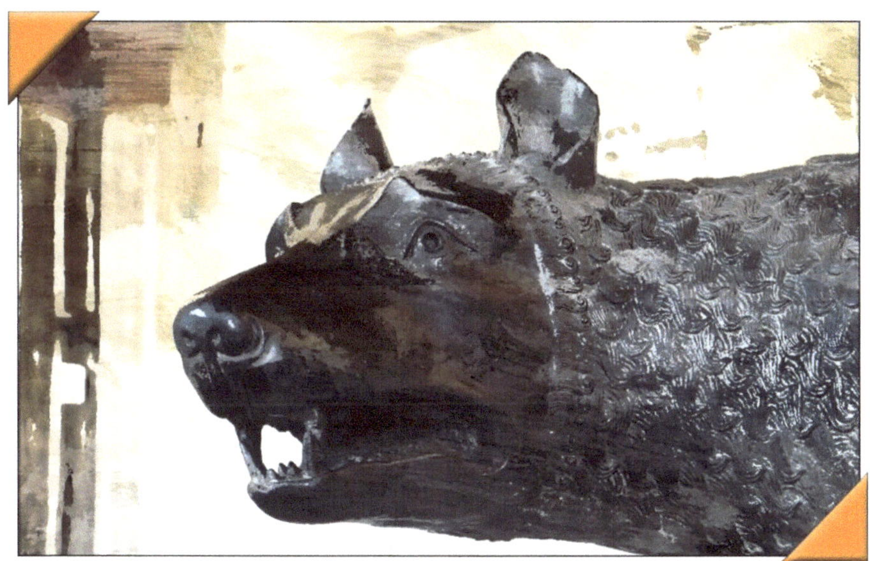

Ashley Ratajkowski 2018

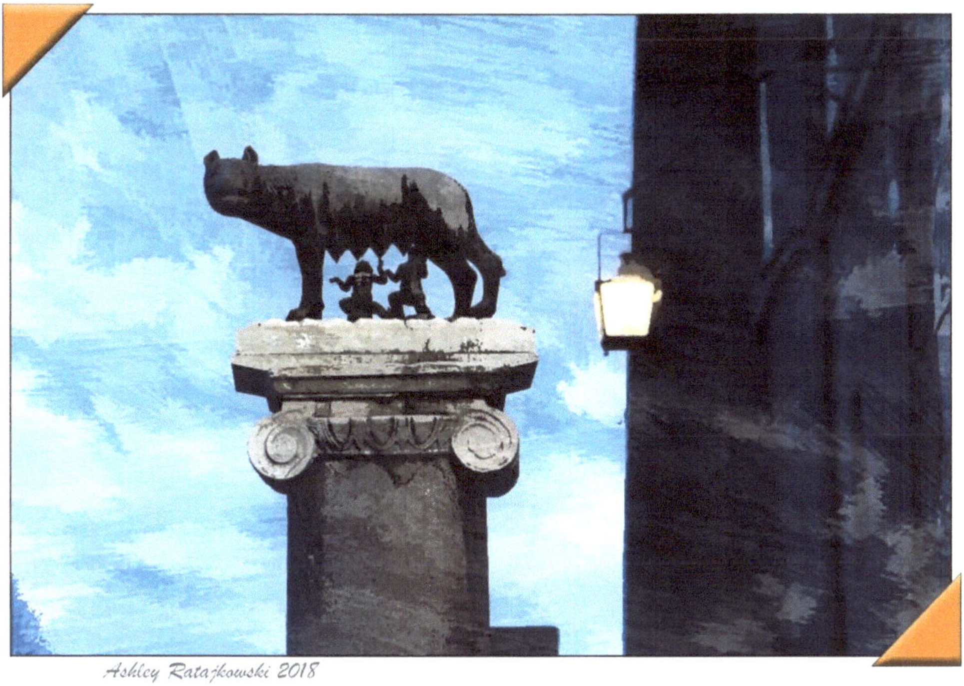

Ashley Ratajkowski 2018

MOLE DEL VITTORIANO

Victorian or Altar of the Fatherland
Piazza Venezia, 00186 Roma RM
41°53'40.56"N 12°28'59.13"E

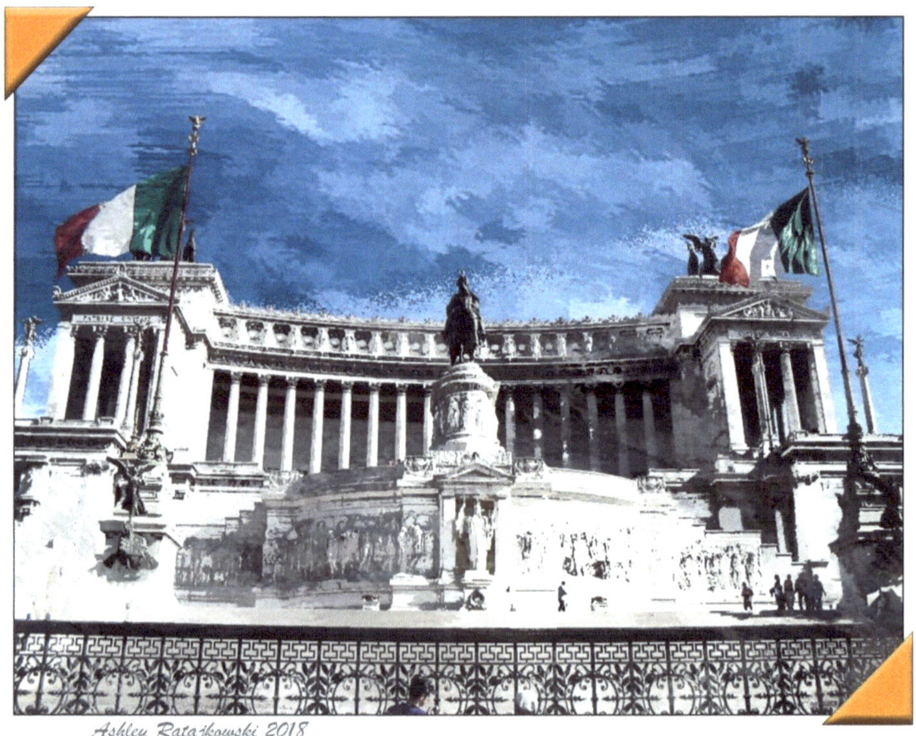

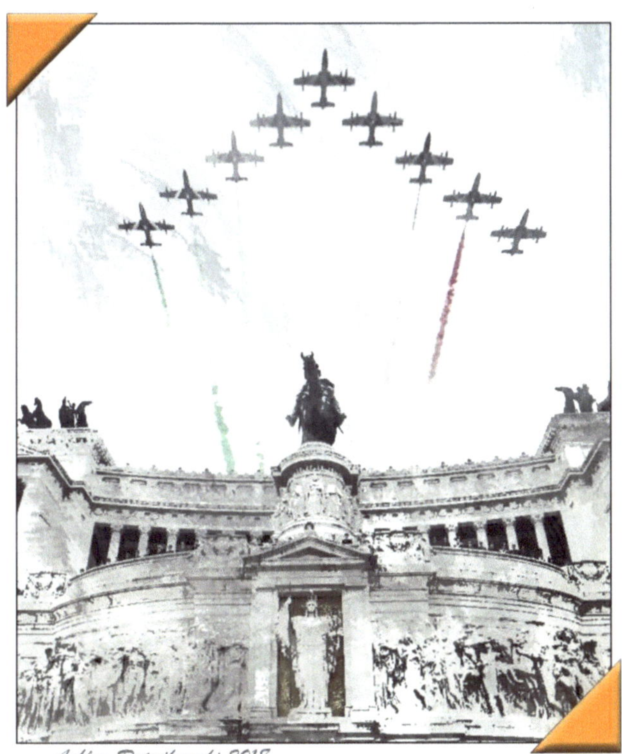

Ashley Ratajkowski 2018

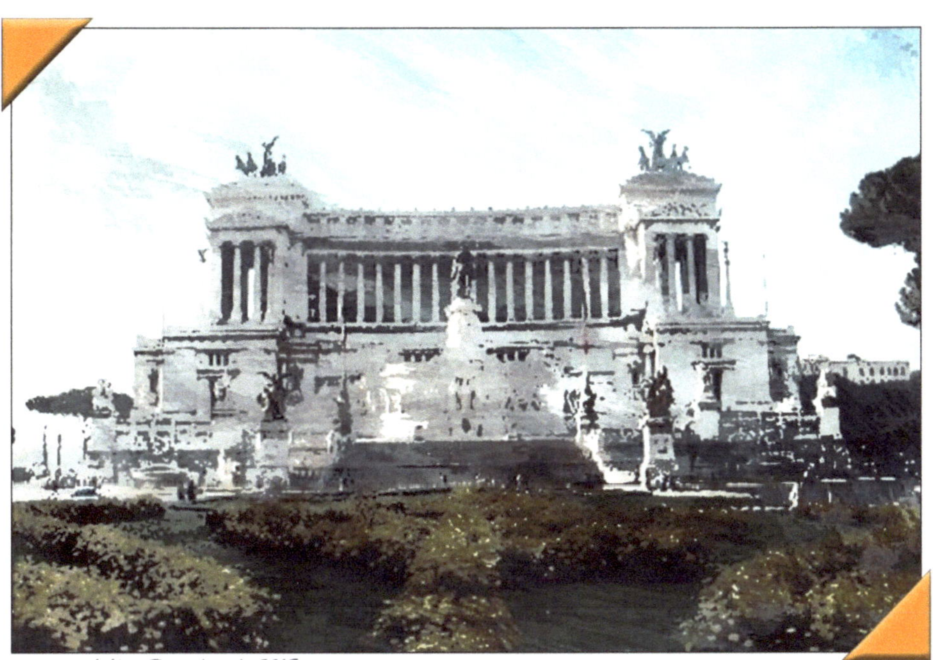

Ashley Ratajkowski 2018

PALAZZO DELLA CIVILTA' ITALIANA

Italian Civilization's Palace
Quadrato della Concordia, 3, 00144 Roma RM
41°50'12.06"N 12°27'55.11"E

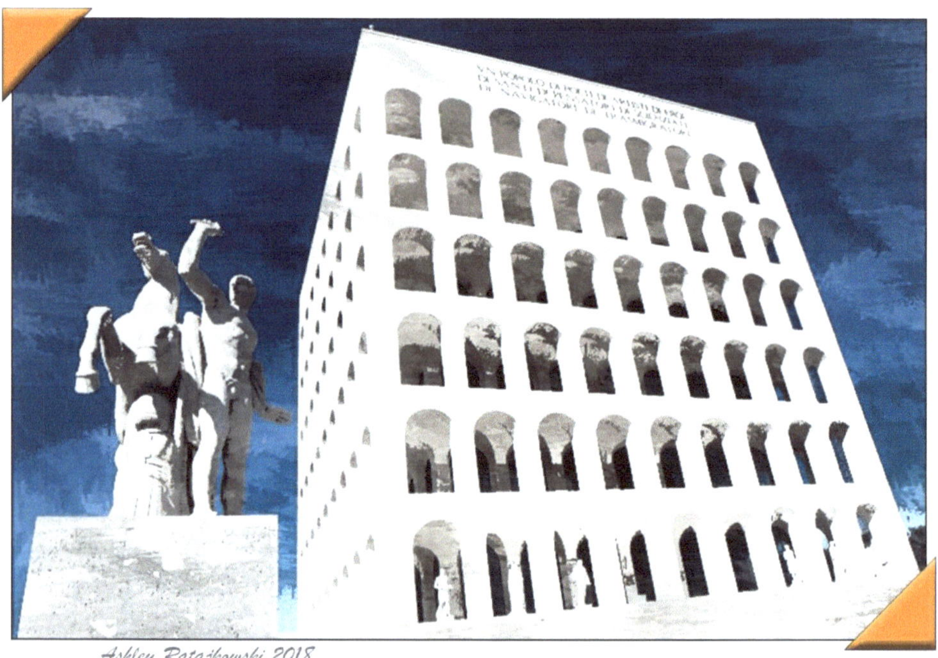

Ashley Ratajkowski 2018

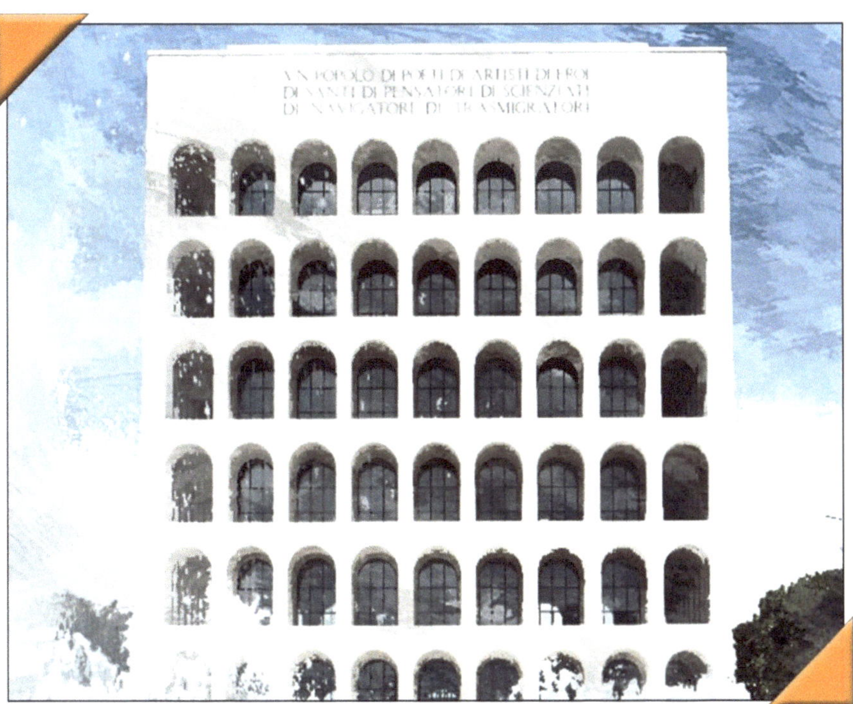

Ashley Ratajkowski 2018

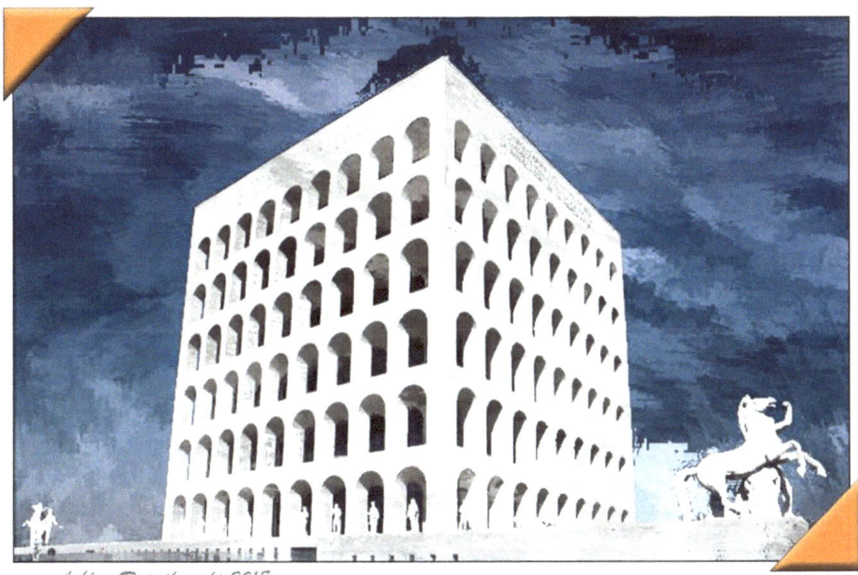

Ashley Ratajkowski 2018

PANTHEON

Pantheon
Piazza della Rotonda, 00186 Roma RM
41°53'54.82"N 12°28'36.66"E

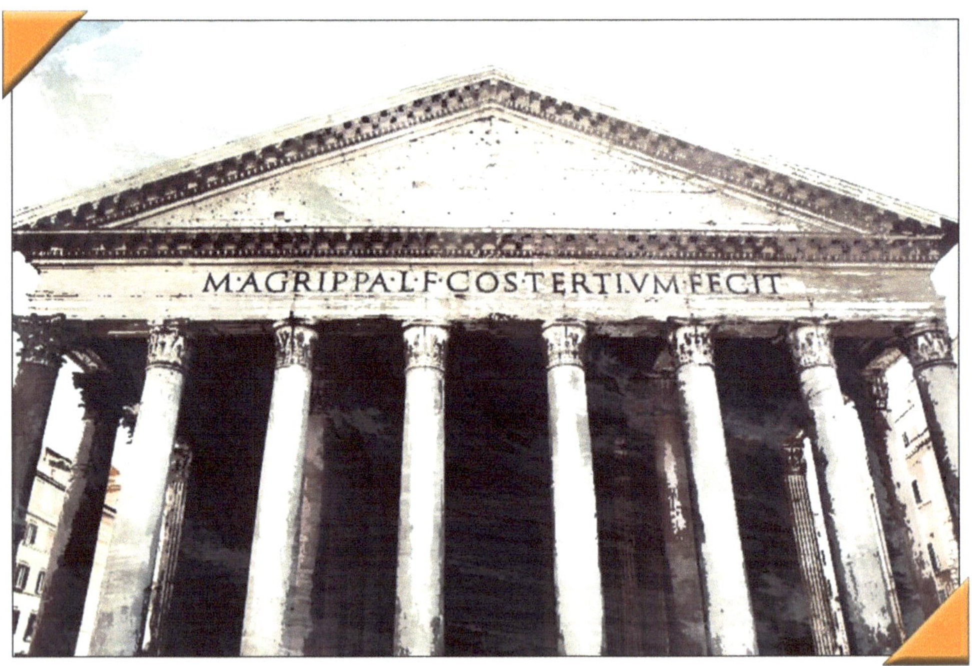

Ashley Ratajkowski 2018

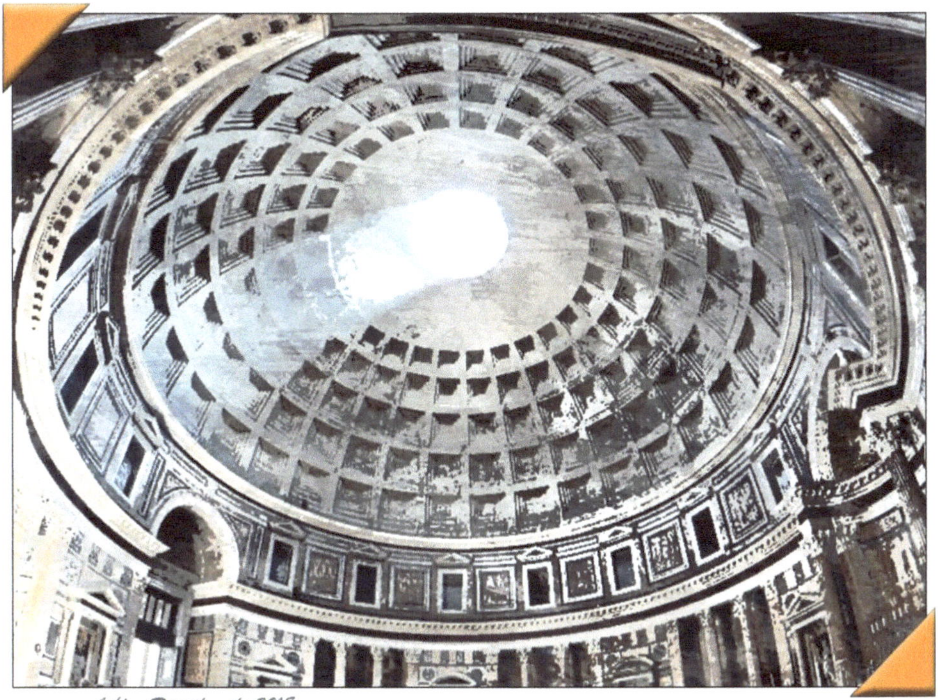

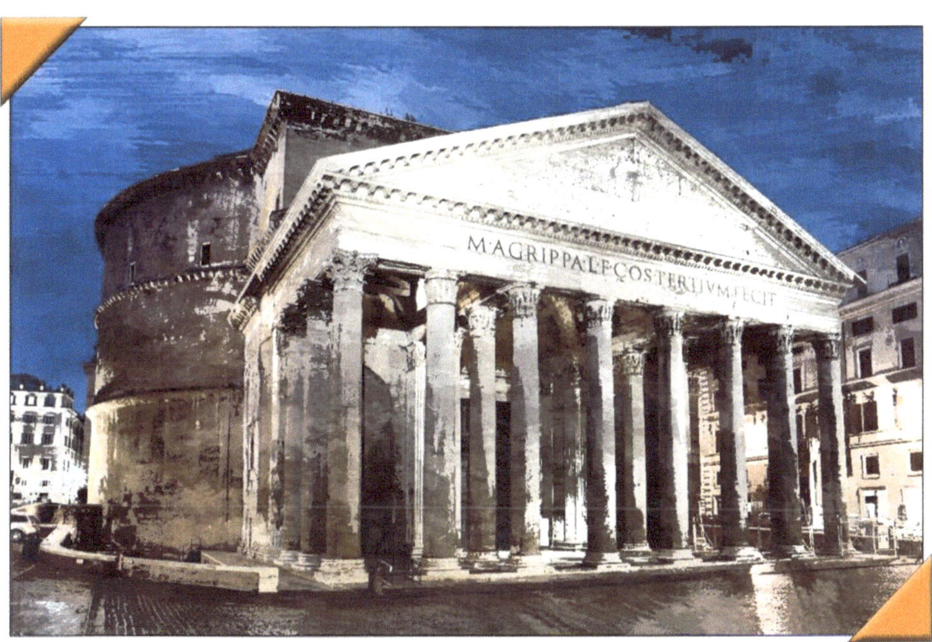

Ashley Ratajkowski 2018

Ashley Ratajkowski 2018

PARCO DEGLI ACQUEDOTTI

Park of Aqueducts
Via Lemonia, 221, 00174 Roma RM
41°50'49.2"N 12°33'43.2"E

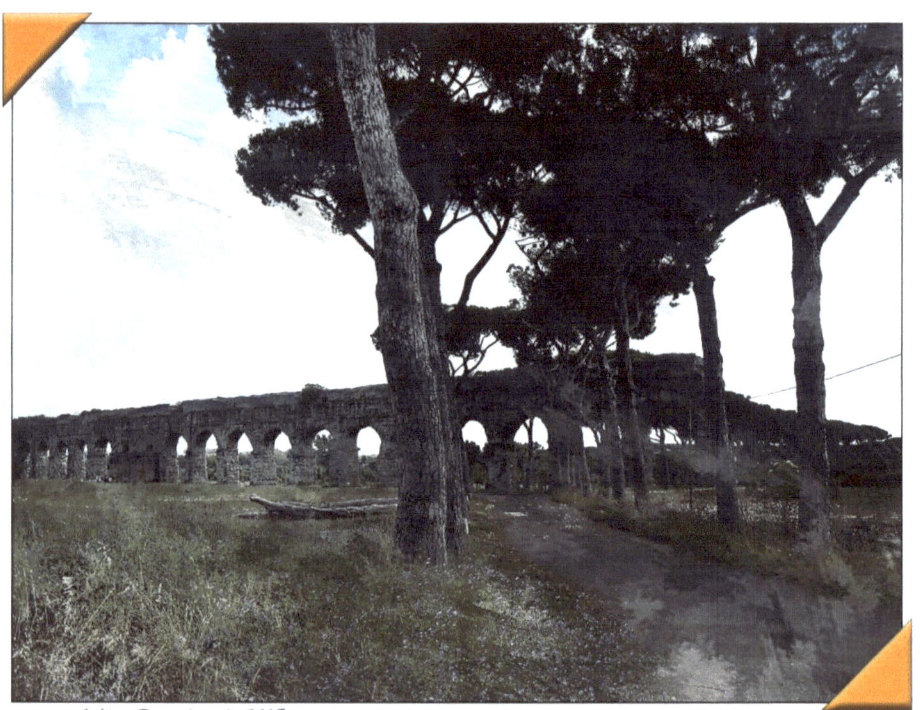

Ashley Ratajkowski 2018

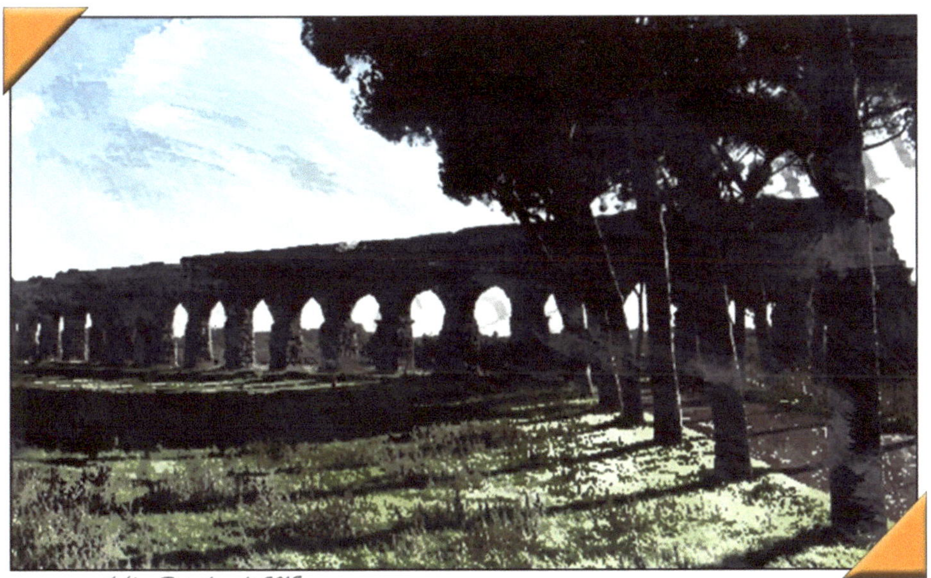

Ashley Ratajkowski 2018

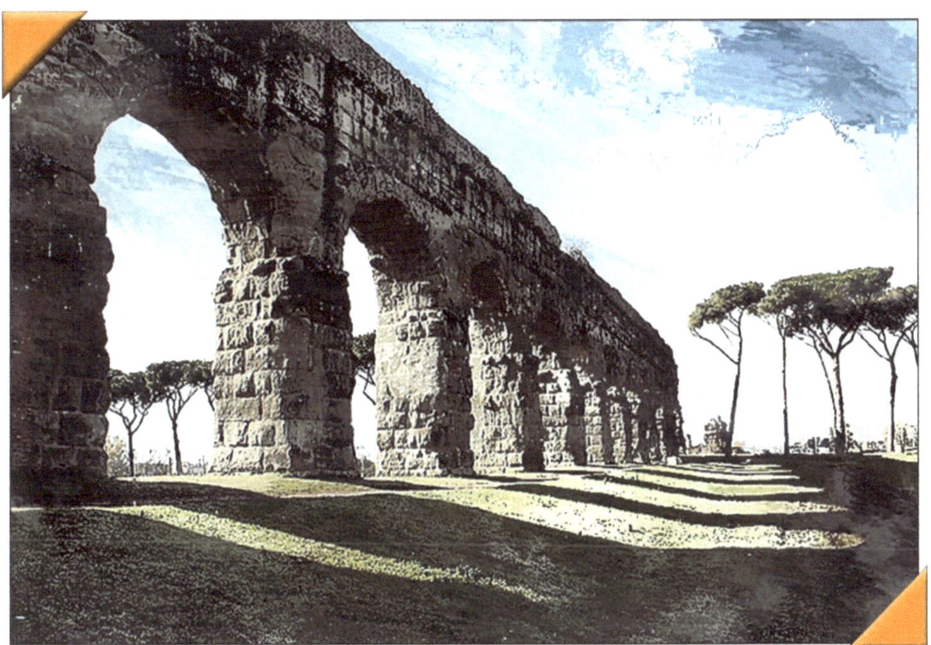

Ashley Ratajkowski 2018

PIAZZA DEL POPOLO

Obelisk in People's Square
Piazza del Popolo, 00187 Roma RM
41°54'38"N 12°28'35"E

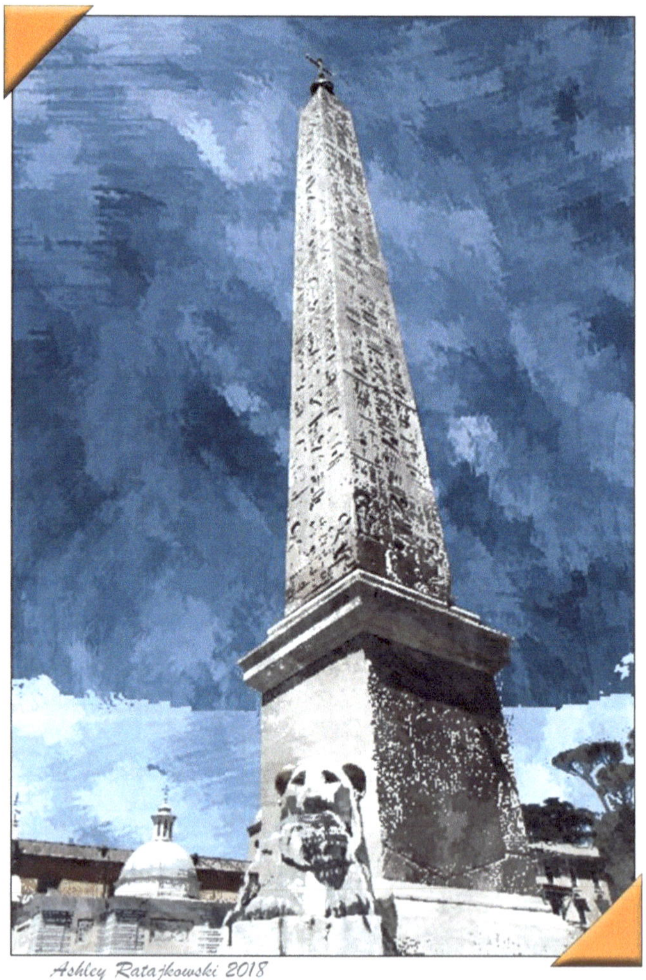

Ashley Ratajkowski 2018

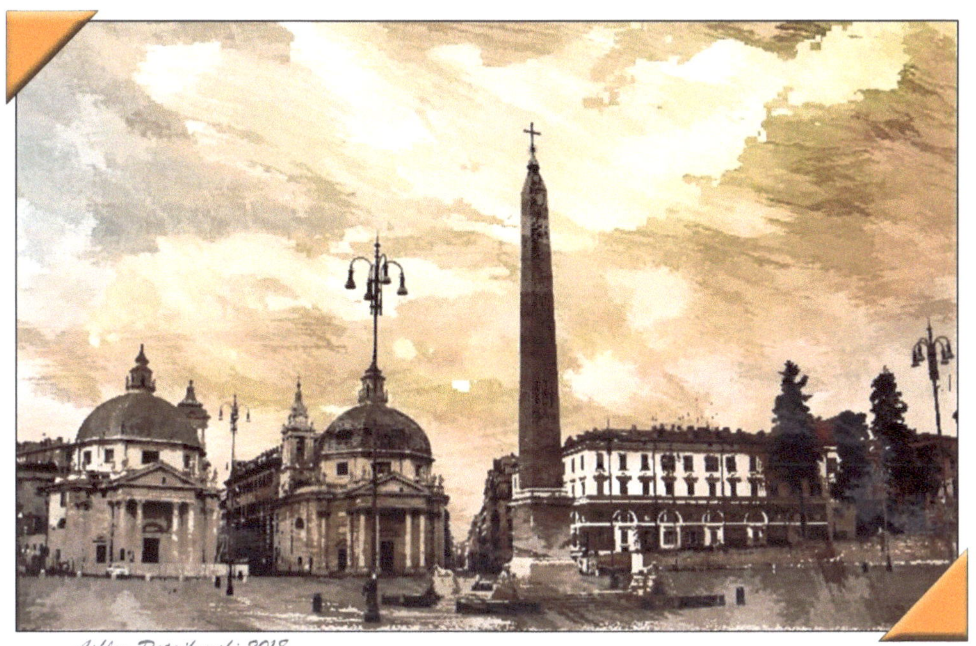

Ashley Ratajkowski 2018

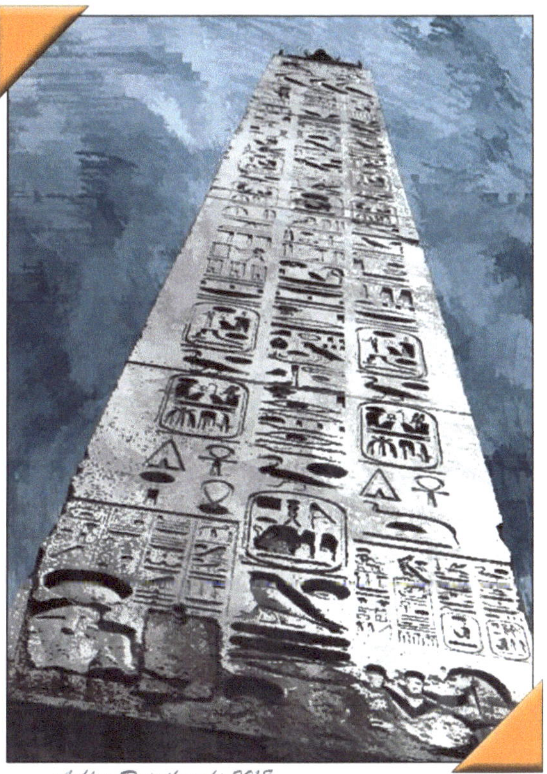

Ashley Ratajkowski 2018

PIAZZA NAVONA

Navona Square
Piazza Navona, 00186 Roma RM
41°53'56"N 12°28'23"E

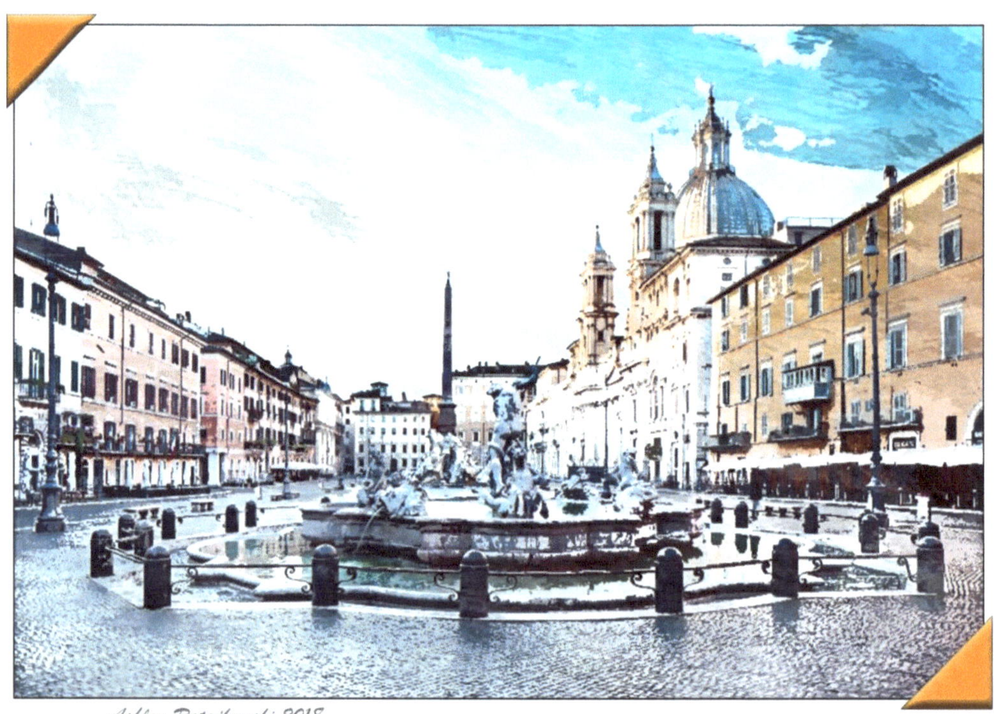

Ashley Ratajkowski 2018

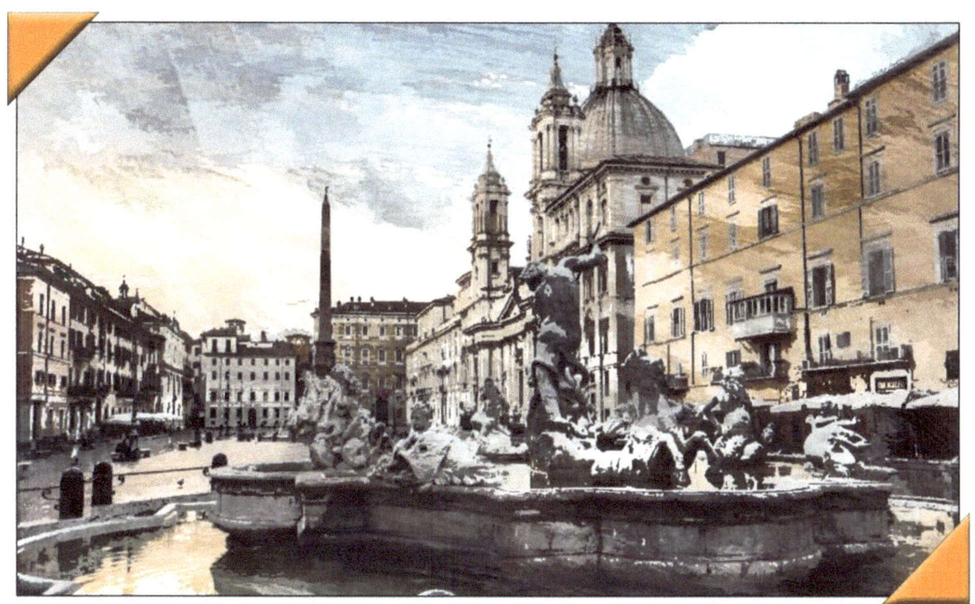

Ashley Ratajkowski 2018

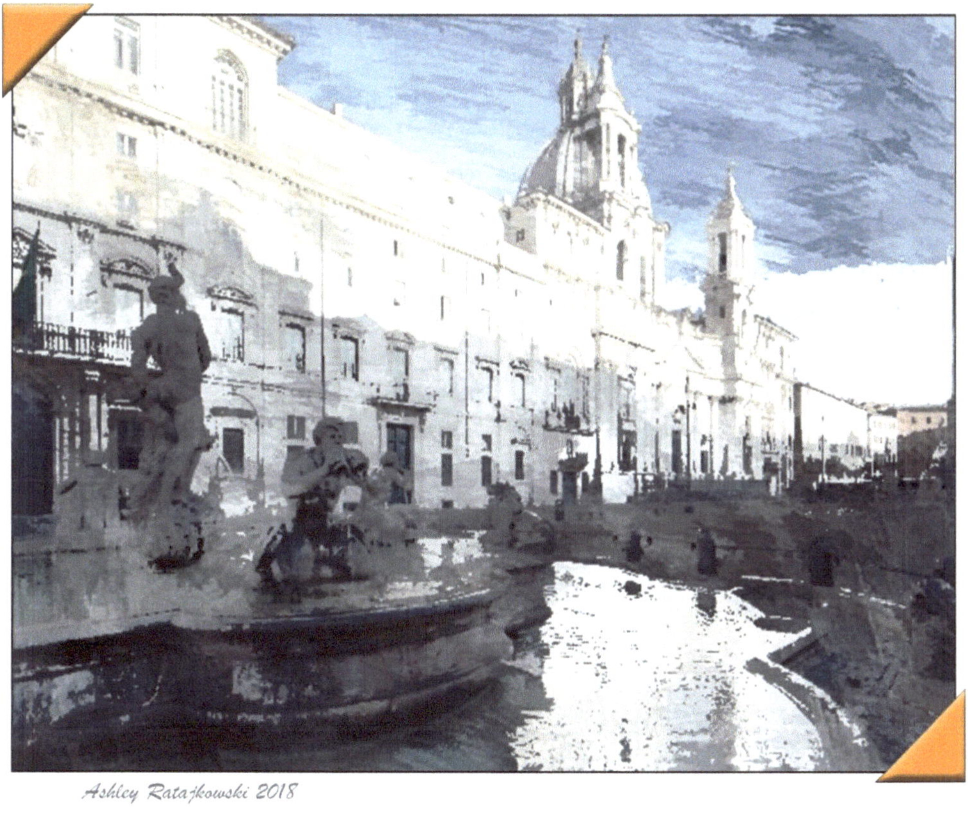

Ashley Ratajkowski 2018

PIRAMIDE CESTIA

Pyramid of Cestius
Via Raffaele Persichetti, 00153 Roma RM
41°52'35"N 12°28'51"E

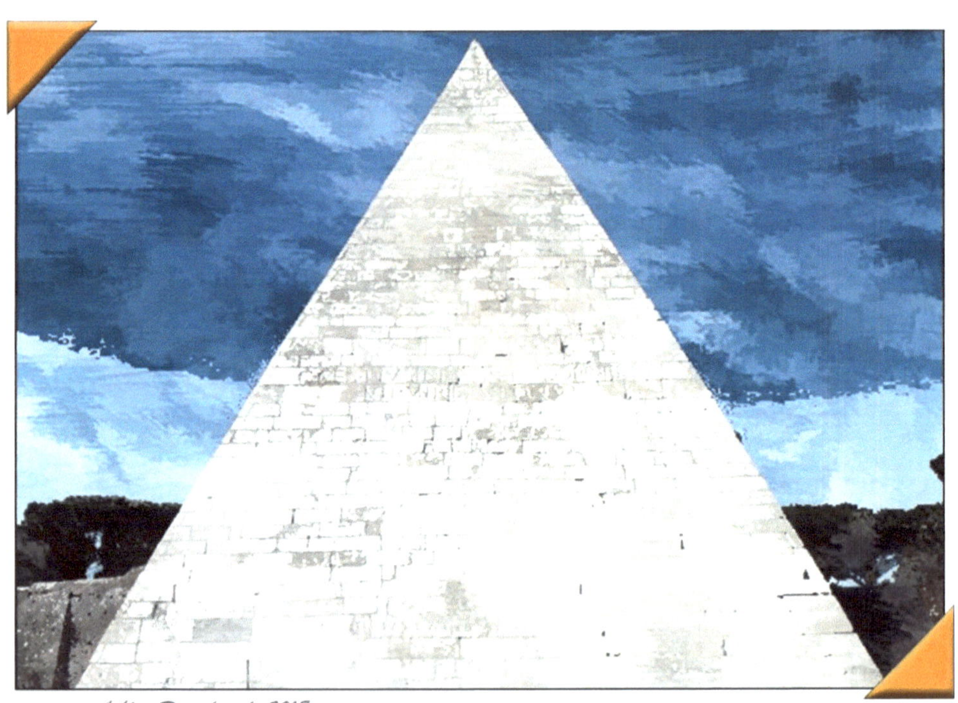

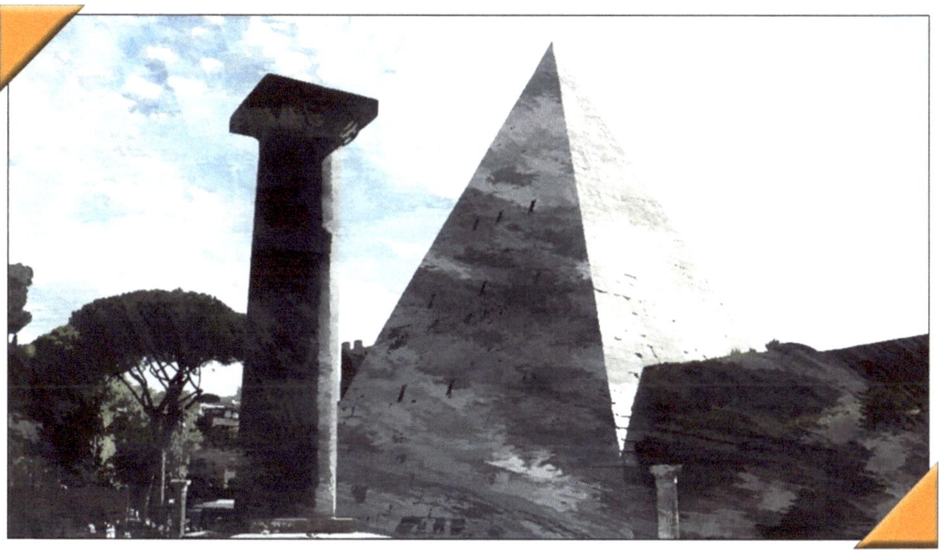

Ashley Ratajkowski 2018

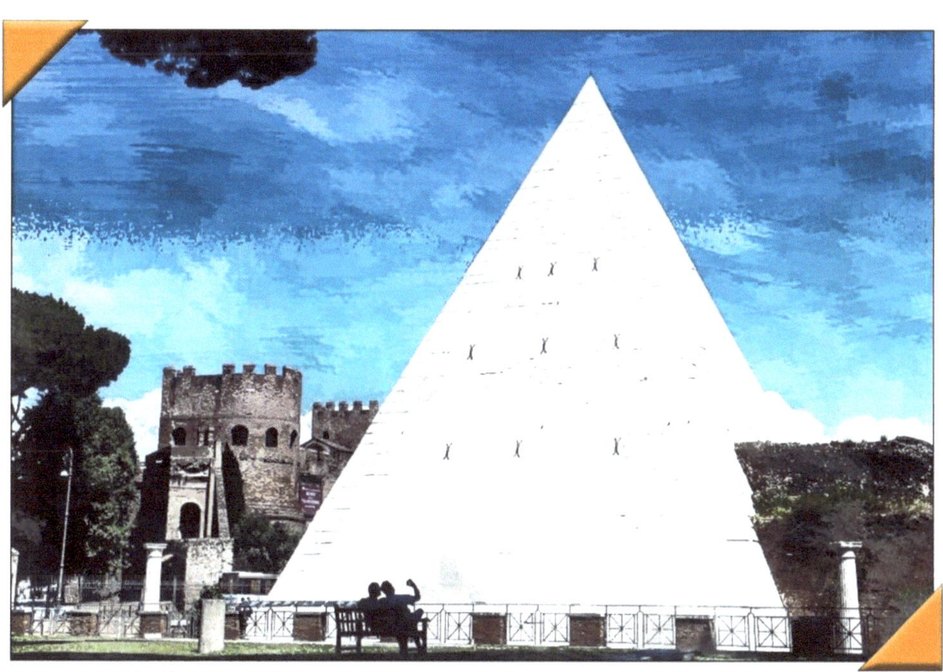

Ashley Ratajkowski 2018

PONTE SANT'ANGELO

Bridge of the Holy Angel or Aelian bridge
Ponte Sant'Angelo, 00186 Roma RM
41°54'06.49"N 12°27'59.22"E

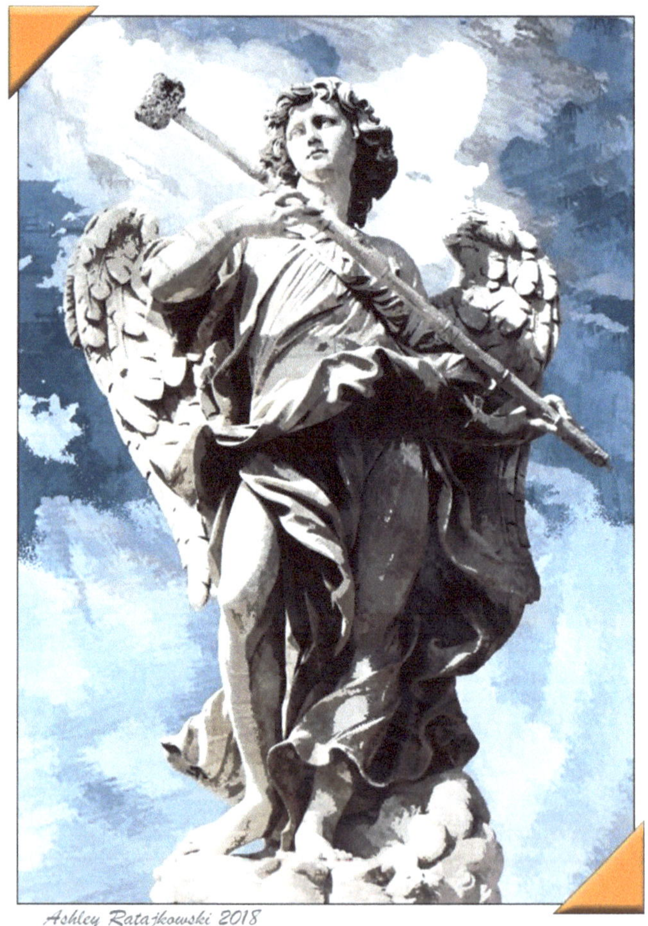

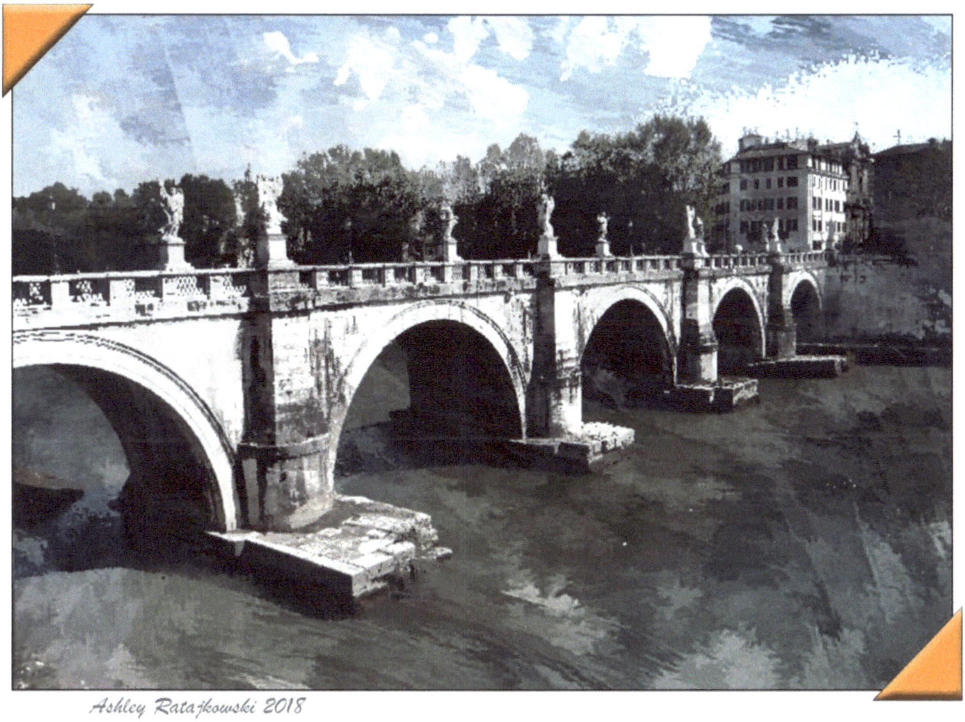

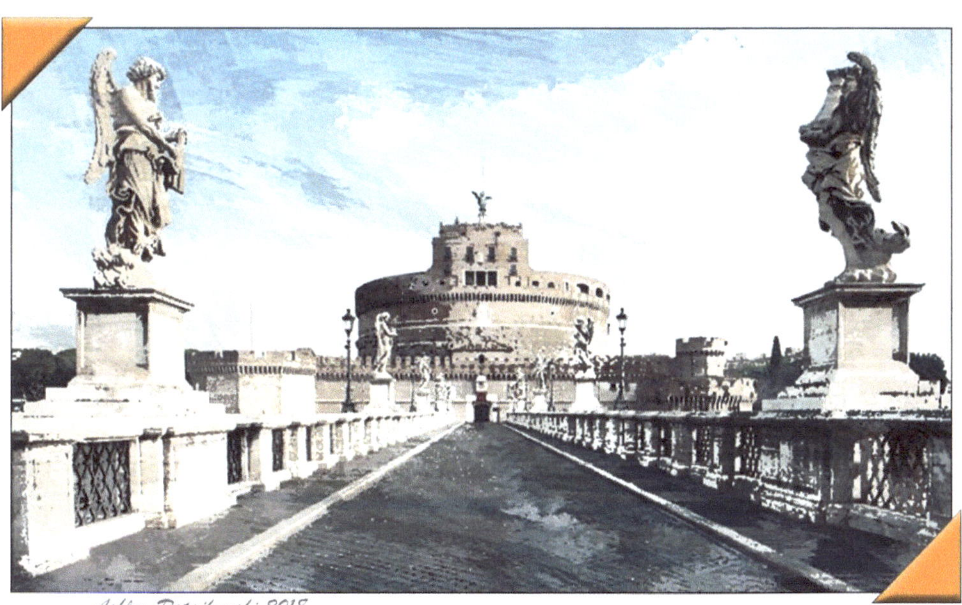

Ashley Ratajkowski 2018

Ashley Ratajkowski 2018

ROVINE DI OSTIA ANTICA

Ancient Ostia's ruins
Viale dei Romagnoli, 717, 00119 Roma RM
41°45'36"N 12°18'00"E

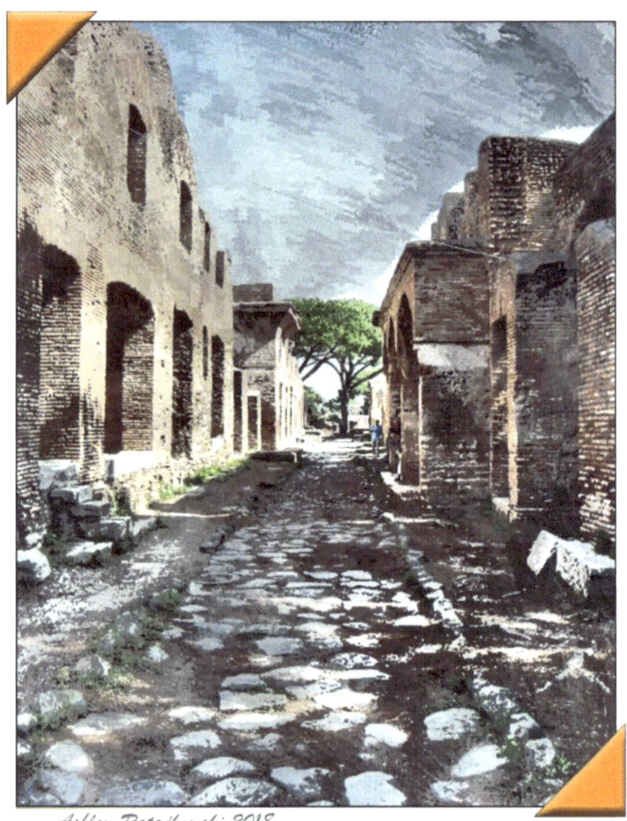

Ashley Ratajkowski 2018

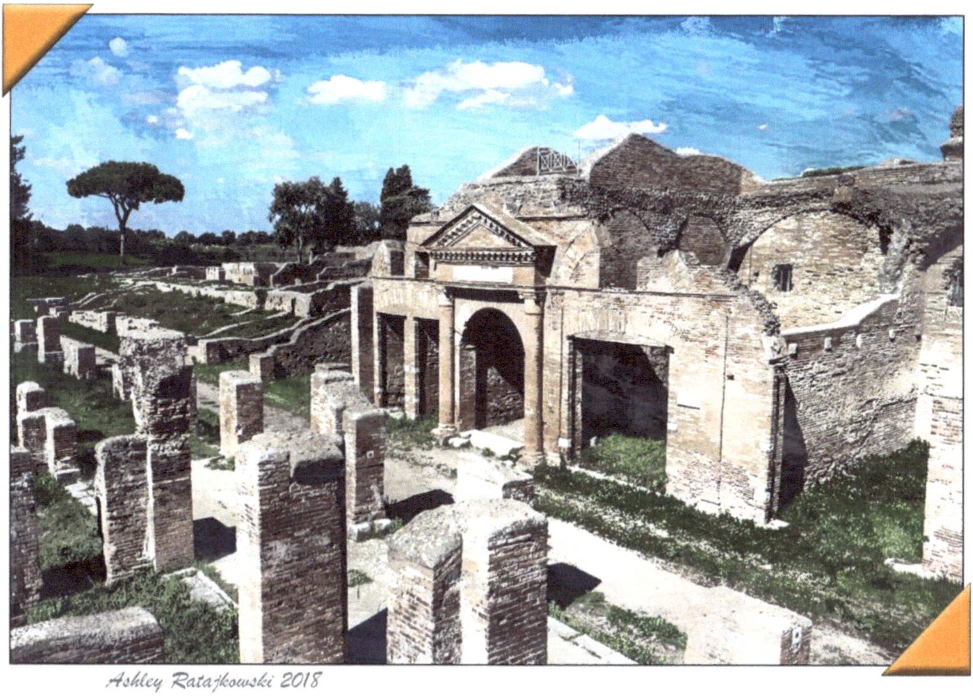

Ashley Ratajkowski 2018

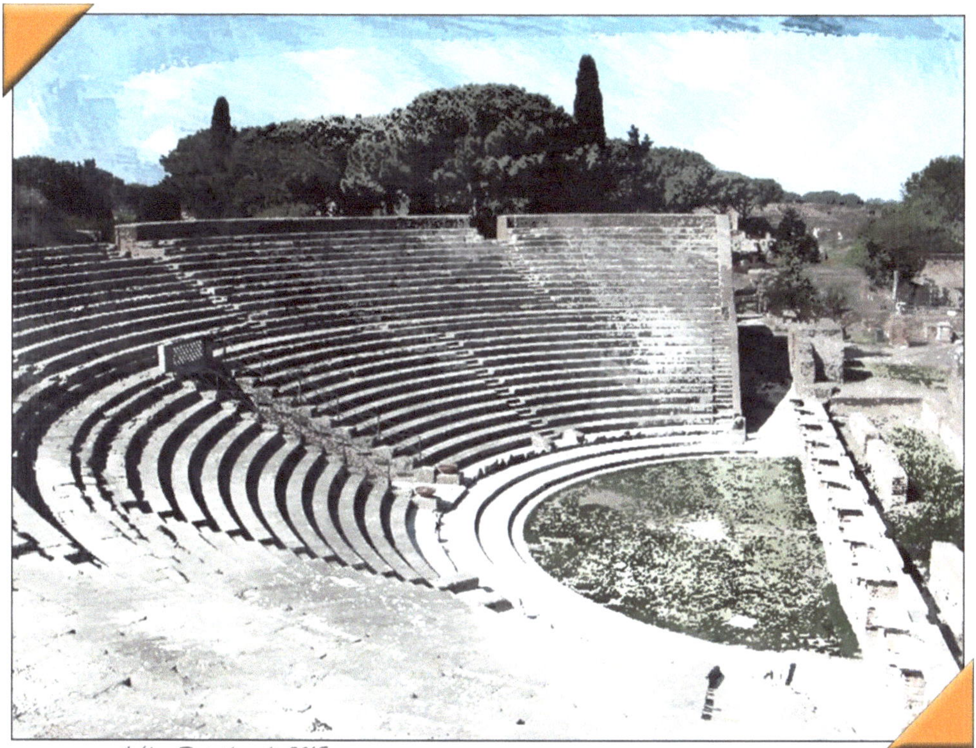

Ashley Ratajkowski 2018

SAN GIOVANNI IN LATERANO

Archbasilica of St. John Lateran
Piazza di S. Giovanni in Laterano, 4, 00184 Roma RM
41°53'09.26"N 12°30'22.16"E

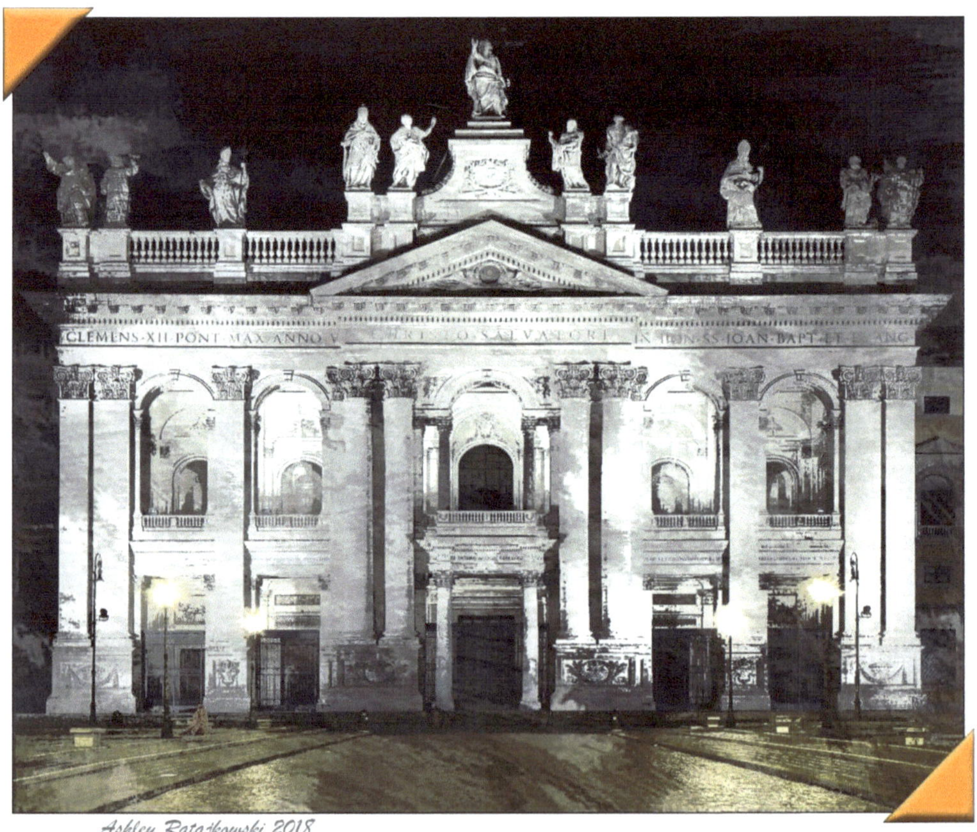

Ashley Ratajkowski 2018

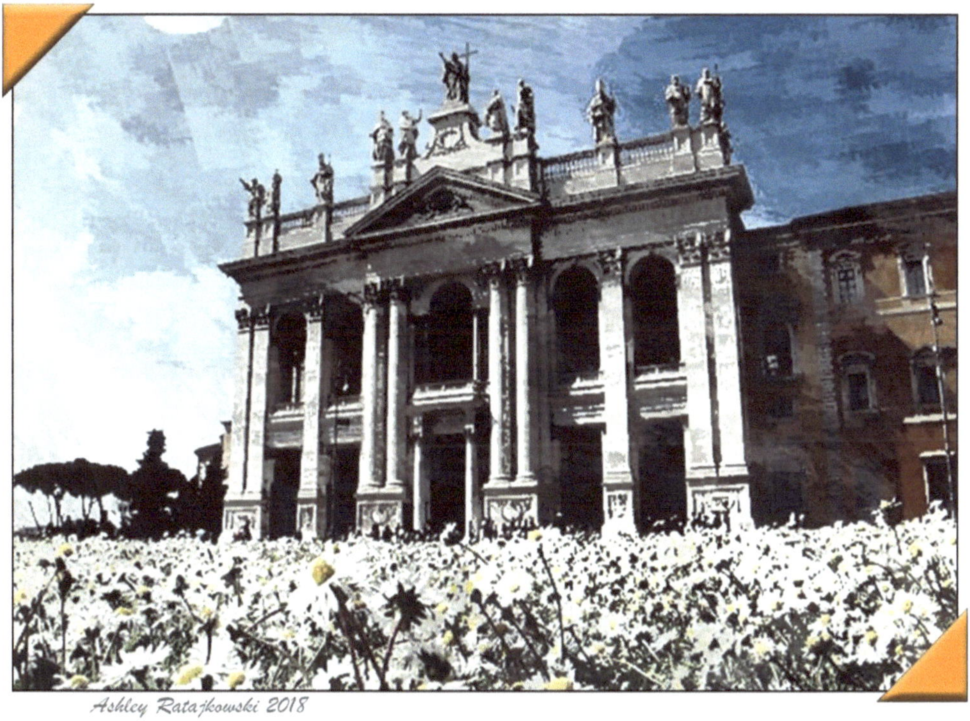

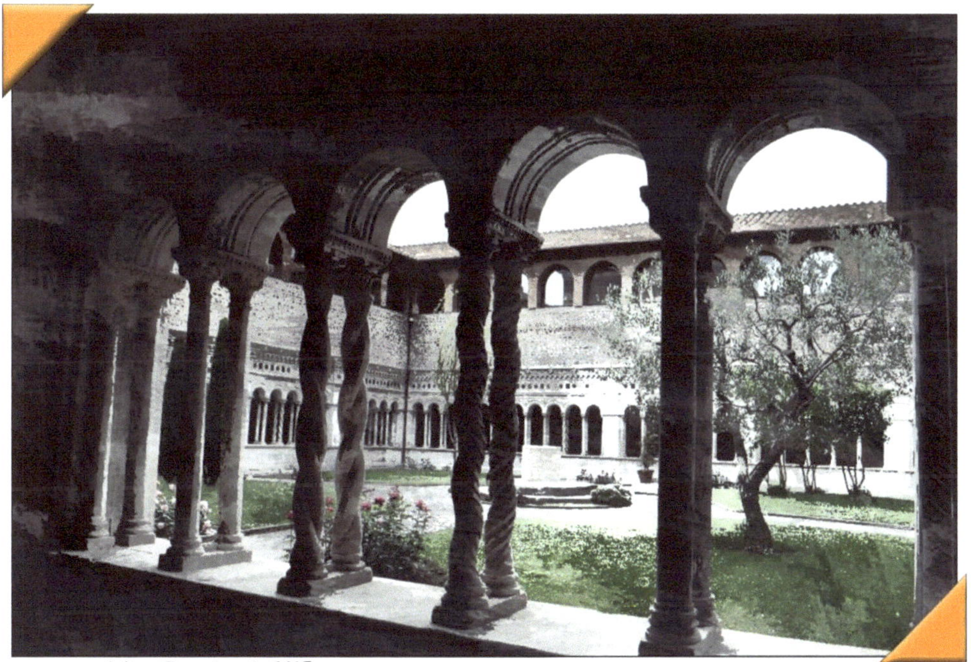

Ashley Ratajkowski 2018

Ashley Ratajkowski 2018

TERME DI CARACALLA

Baths of Caracalla
Viale delle Terme di Caracalla, 00153 Roma RM
41°52'46"N 12°29'35"E

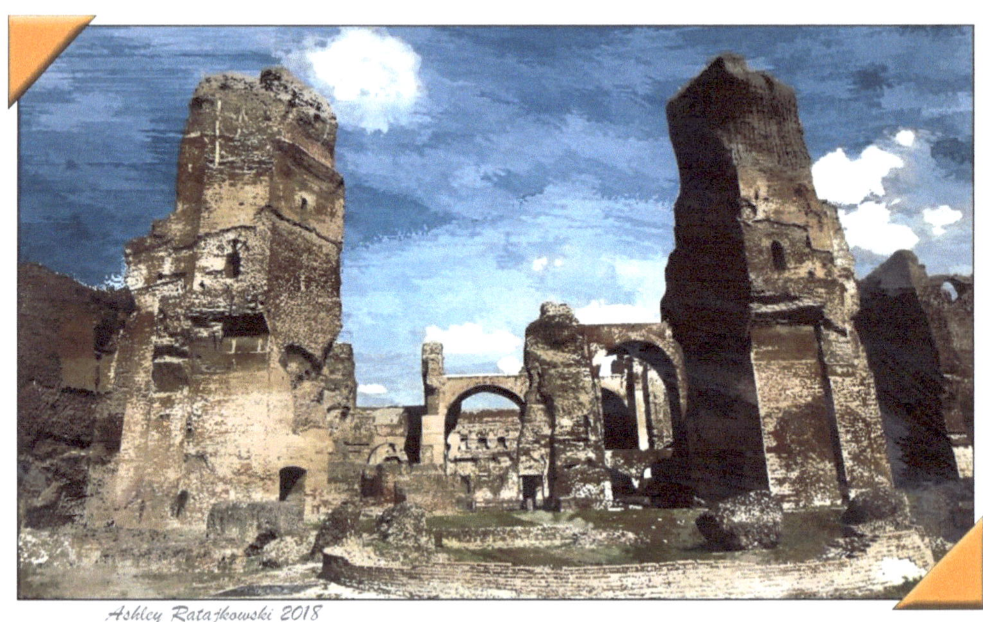

Ashley Ratajkowski 2018

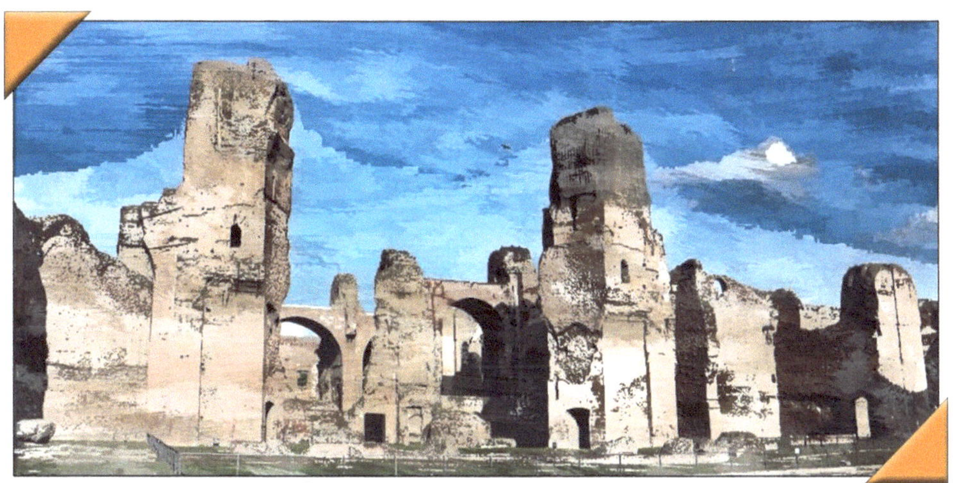

Ashley Ratajkowski 2018

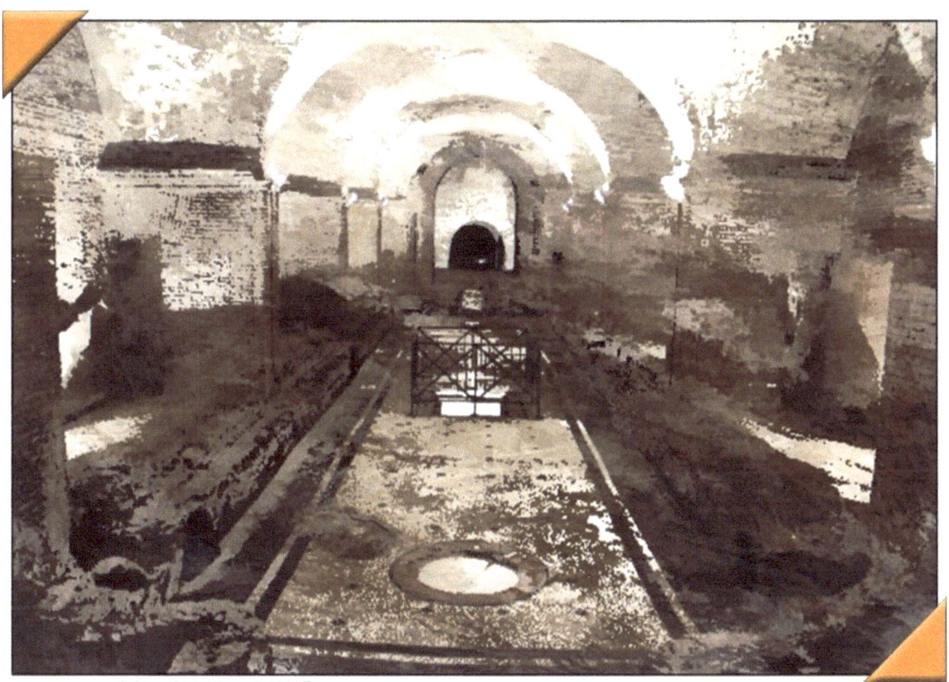

Ashley Ratajkowski 2018

TRINITÀ' DEI MONTI

Piazza della Trinità dei Monti, 3, 00187 Roma RM
Piazza di Spagna, 00187 Roma RM
41°54'23"N 12°29'01"E

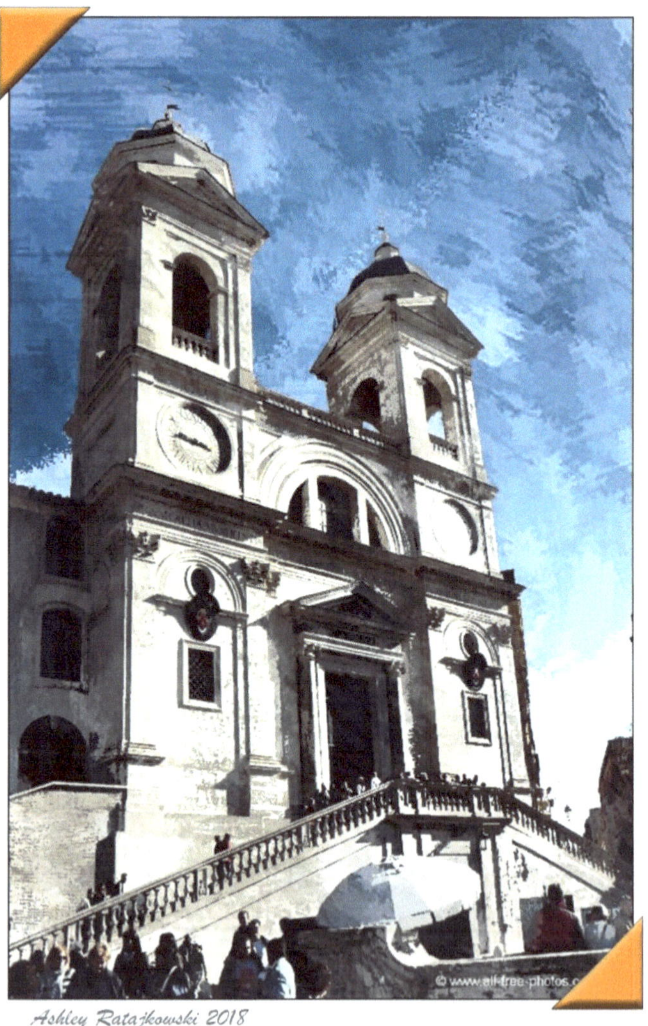

Ashley Ratajkowski 2018

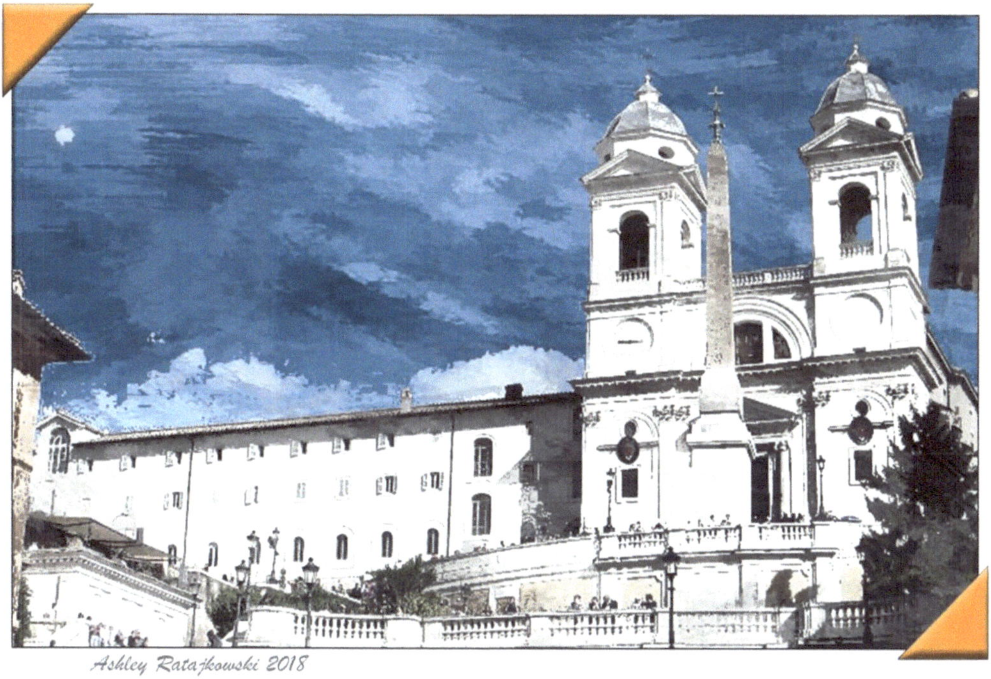

Ashley Ratajkowski 2018

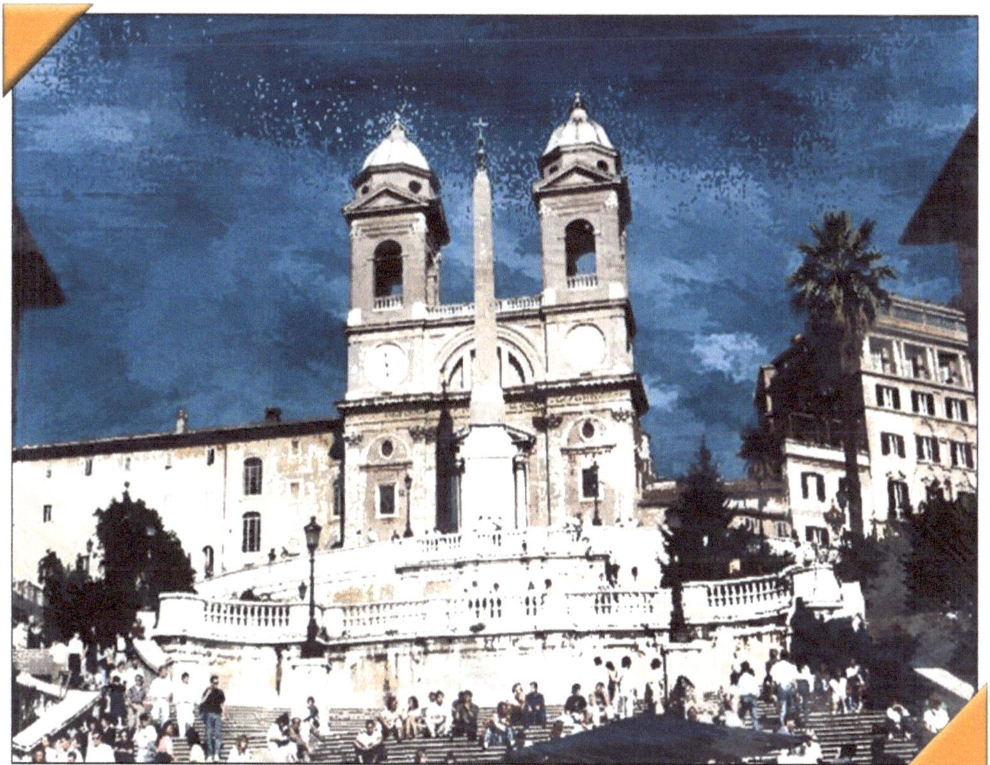

Ashley Ratajkowski 2018

VILLA BORGHESE

Borghese Villa
Piazzale Napoleone I, 00197 Roma RM
41°54'51"N 12°29'32"E

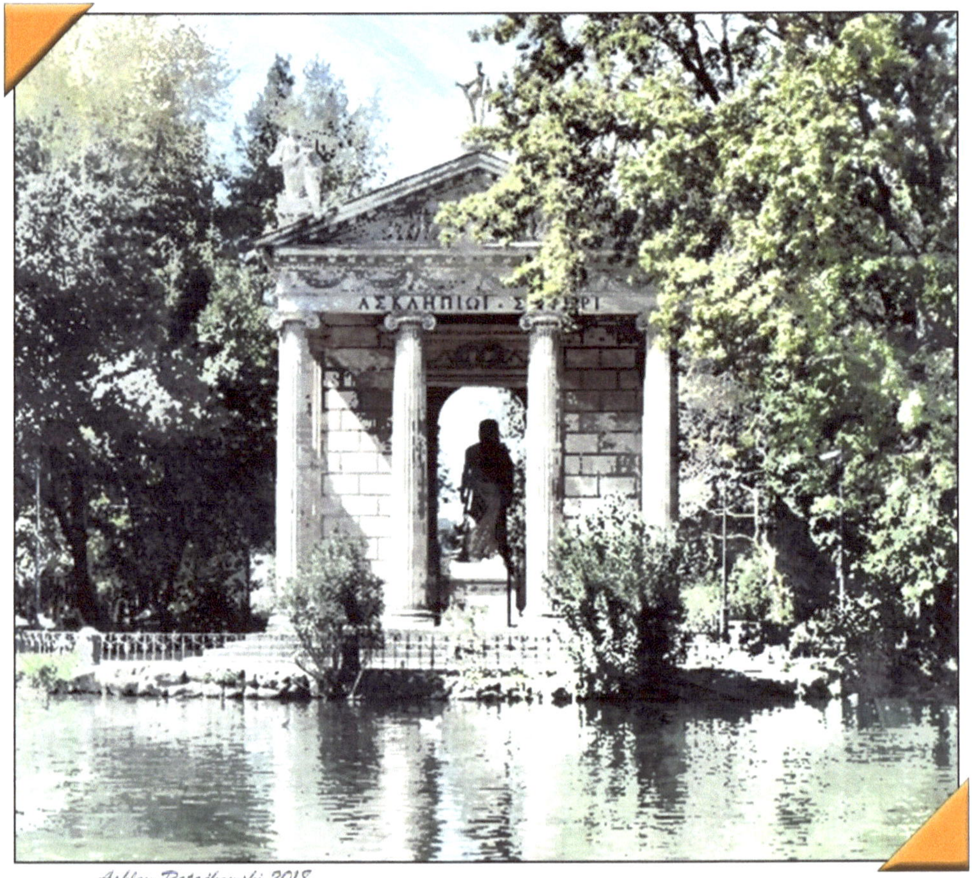

Ashley Ratajkowski 2018

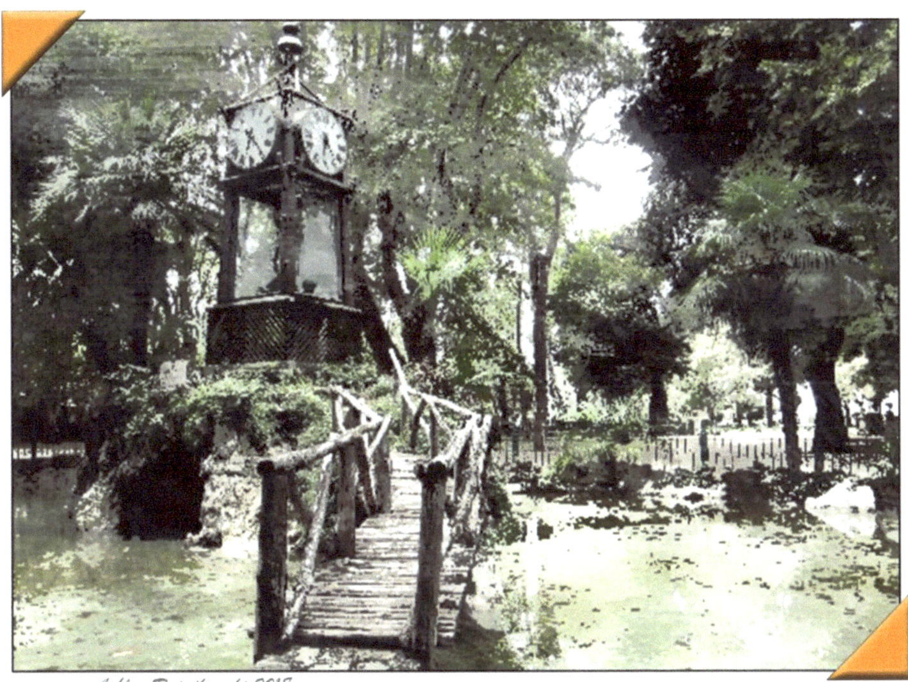

Ashley Ratajkowski 2018

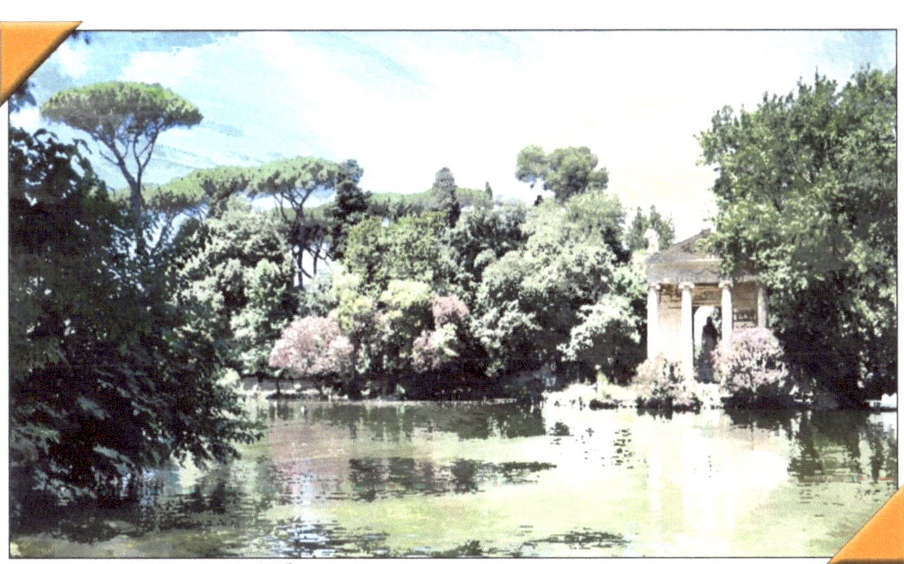

Ashley Ratajkowski 2018

VILLA DORIA PAMPHILJ

Doria Pamphilj Villa
Via di S. Pancrazio, 00152 Roma RM
41°53'15.97"N 12°27'02.01"E

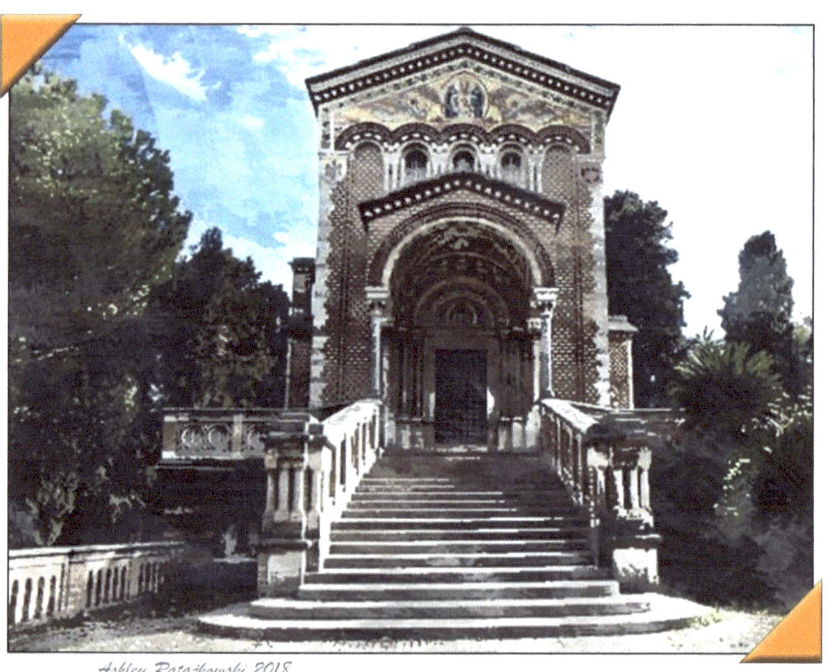

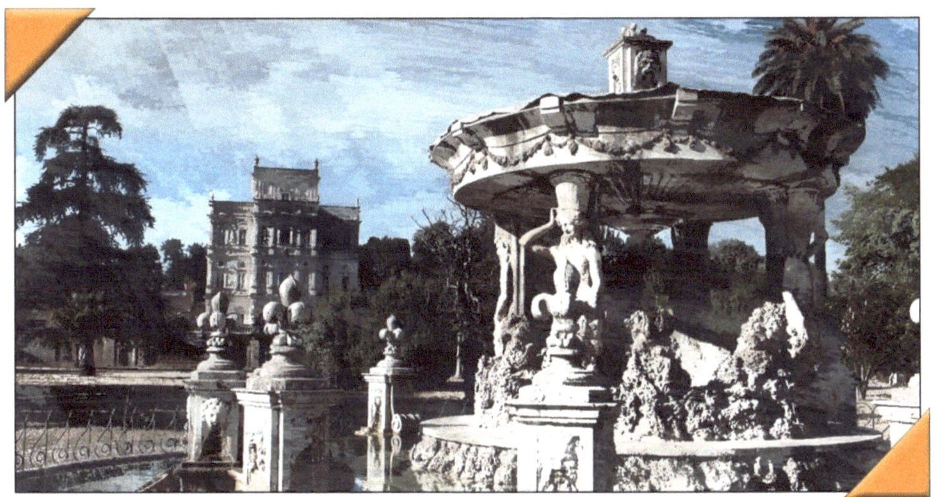

Ashley Ratajkowski 2018

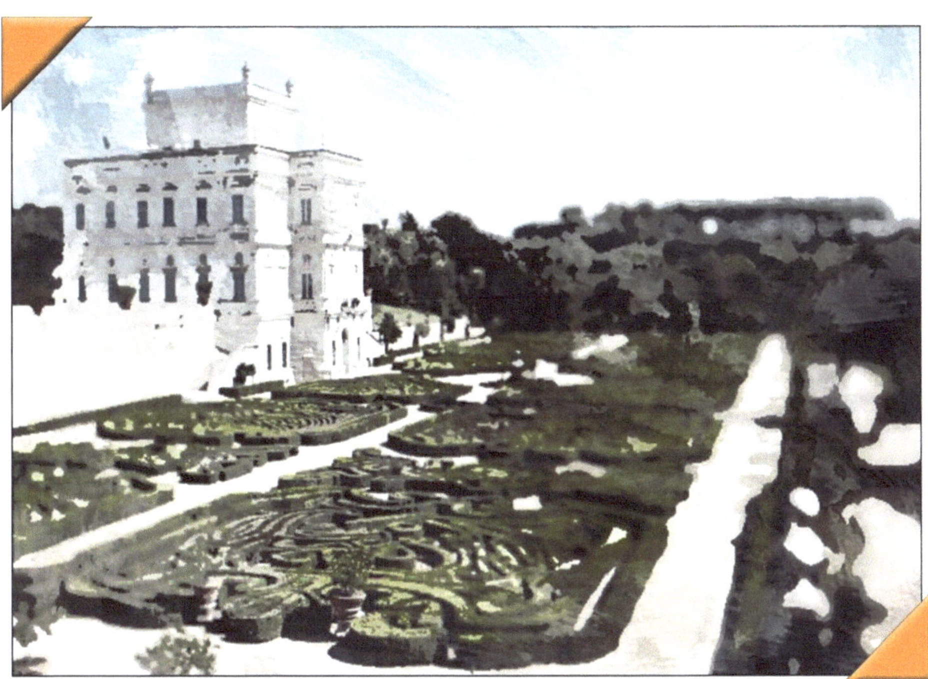

Ashley Ratajkowski 2018

About Ashley:

travel, folklore, art, history and emotions passionate lover. She spended last years studing photography and digital postproduction's effects, to mix them to satisfy her wish to take an active action in what her eyes are watching.

ROMA is her first experiment, that let her live in Italy for the last year, discovering a world full of art!

Email: ashleyrata@yahoo.com

Follow and support me on Patreon:

patreon.com/ashleyrata

Email me to buy other copies of this book at a special discount price.

www.ingramcontent.com/pod-product-compliance
Lightning Source LLC
Chambersburg PA
CBHW040857110726
48005CB00001B/98